中国电子信息工程科技发展研究

软件定义晶上系统
（SDSoW）专题

中国信息与电子工程科技发展战略研究中心

科学出版社

北京

内 容 简 介

本书主要从未来信息基础设施的发展形势和当前集成电路面临的发展困局出发,通过研判集成电路技术产业的发展趋势,紧贴我国集成电路技术与产业基本国情,从摩尔定律资源密度和价值密度增长的本质出发,提出软件定义晶上系统这一微电子发展新范式,并阐述了其基本内涵和关键技术,同时结合当前技术发展的现状,对软件定义晶上系统的未来做出重要判断:软件定义晶上系统将开辟集成电路的新发展范式,并驱动本质智能时代的到来。

本书主要面向我国集成电路领域战略规划制定相关团体,集成电路现有产业链上下游的人员和异质集成技术领域的相关工作者,以及在解决集成电路发展困局中发挥重大作用的新器件、新工艺、新材料、新架构相关的机构和个人。

图书在版编目（CIP）数据

中国电子信息工程科技发展研究. 软件定义晶上系统(SDSoW)专题/中国信息与电子工程科技发展战略研究中心著. —北京:科学出版社,2024.1

ISBN 978-7-03-077728-7

Ⅰ.①中… Ⅱ.①中… Ⅲ.①电子信息-信息工程-科技发展-研究-中国②计算机网络-科技发展-研究-中国 Ⅳ.①G203②TP393

中国国家版本馆 CIP 数据核字（2023）第 254946 号

责任编辑:赵艳春　任　静 / 责任校对:胡小洁
责任印制:师艳茹 / 封面设计:迷底书装

科学出版社 出版
北京东黄城根北街 16 号
邮政编码:100717
http://www.sciencep.com

涿州市般间文化传播有限公司 印刷
科学出版社发行　各地新华书店经销

*

2024 年 1 月第 一 版　开本:890×1240 1/32
2024 年 1 月第一次印刷　印张:6
字数:142 000
定价:88.00 元
（如有印装质量问题,我社负责调换）

《中国电子信息工程科技发展研究》指导组

组　长：
　　吴曼青　费爱国
副组长：
　　赵沁平　余少华　吕跃广
成　员：
　　丁文华　刘泽金　何　友　吴伟仁
　　张广军　罗先刚　陈　杰　柴天佑
　　廖湘科　谭久彬　樊邦奎
顾　问：
　　陈左宁　卢锡城　李天初　陈志杰
　　姜会林　段宝岩　邬江兴　陆　军

《中国电子信息工程科技发展研究》工作组

组　长：
　　　　余少华　陆　军
副组长：
　　　　曾倬颖

国家高端智库

中国信息与电子工程科技发展战略研究中心
CHINA ELECTRONICS AND INFORMATION STRATEGIES

中国信息与电子工程科技发展战略研究中心简介

中国工程院是中国工程科学技术界的最高荣誉性、咨询性学术机构，是首批国家高端智库试点建设单位，致力于研究国家经济社会发展和工程科技发展中的重大战略问题，建设在工程科技领域对国家战略决策具有重要影响力的科技智库。当今世界，以数字化、网络化、智能化为特征的信息化浪潮方兴未艾，信息技术日新月异，全面融入社会生产生活，深刻改变着全球经济格局、政治格局、安全格局，信息与电子工程科技已成为全球创新最活跃、应用最广泛、辐射带动作用最大的科技领域之一。为做好电子信息领域工程科技类发展战略研究工作，创新体制机制，整合优势资源，中国工程院、中央网信办、工业和信息化部、中国电子科技集团加强合作，于2015年11月联合成立了中国信息与电子工程科技发展战略研究中心。

中国信息与电子工程科技发展战略研究中心秉持高层次、开放式、前瞻性的发展导向，围绕电子信息工程科技发展中的全局性、综合性、战略性重要热点课题开展理论研究、应用研究与政策咨询工作，充分发挥中国工程院院士，国家部委、企事业单位和大学院所中各层面专家学者的智力优势，努力在信息与电子工程科技领域建设一流的战略思想库，为国家有关决策提供科学、前瞻和及时的建议。

《中国电子信息工程科技发展研究》
编写说明

当今世界，以数字化、网络化、智能化为特征的信息化浪潮方兴未艾，信息技术日新月异，全面融入社会经济生活，深刻改变着全球经济格局、政治格局、安全格局。电子信息工程科技作为全球创新最活跃、应用最广泛、辐射带动作用最大的科技领域之一，不仅是全球技术创新的竞争高地，也是世界各主要国家推动经济发展、谋求国家竞争优势的重要战略方向。电子信息工程科技是典型的"使能技术"，几乎是所有其他领域技术发展的重要支撑，电子信息工程科技与生物技术、新能源技术、新材料技术等交叉融合，有望引发新一轮科技革命和产业变革，给人类社会发展带来新的机遇。电子信息工程科技作为最直接、最现实的工具之一，直接将科学发现、技术创新与产业发展紧密结合，极大地加速了科学技术发展的进程，成为改变世界的重要力量。电子信息工程科技也是新中国成立70年来特别是改革开放40年来，中国经济社会快速发展的重要驱动力。在可预见的未来，电子信息工程科技的进步和创新仍将是推动人类社会发展的最重要的引擎之一。

把握世界科技发展大势，围绕科技创新发展全局和长远问题，及时为国家决策提供科学、前瞻性建议，履行好国家高端智库职能，是中国工程院的一项重要任务。为此，中国工程院信息与电子工程学部决定组织编撰《中国电子信息工程科技发展研究》(以下简称"蓝皮书")。2018 年 9 月至今，编撰工作由余少华、陆军院士负责。"蓝皮书"分综合篇和专题篇，分期出版。学部组织院士并动员各方面专家 300 余人参与编撰工作。"蓝皮书"编撰宗旨是：分析研究电子信息领域年度科技发展情况，综合阐述国内外年度电子信息领域重要突破及标志性成果，为我国科技人员准确把握电子信息领域发展趋势提供参考，为我国制定电子信息科技发展战略提供支撑。

"蓝皮书"编撰指导原则如下：

(1) 写好年度增量。电子信息工程科技涉及范围宽、发展速度快，综合篇立足"写好年度增量"，即写好新进展、新特点、新挑战和新趋势。

(2) 精选热点亮点。我国科技发展水平正处于"跟跑""并跑""领跑"的三"跑"并存阶段。专题篇力求反映我国该领域发展特点，不片面求全，把关注重点放在发展中的"热点"和"亮点"问题。

(3) 综合与专题结合。"蓝皮书"分"综合"和"专题"两部分。综合部分较宏观地介绍电子信息科技相关领域全球发展态势、我国发展现状和未来展望；专题部分则分别介绍 13 个子领域的热点亮点方向。

5 大类和 13 个子领域如图 1 所示。13 个子领域的颗粒度不尽相同，但各子领域的技术点相关性强，也能较好地与学部专业分组对应。

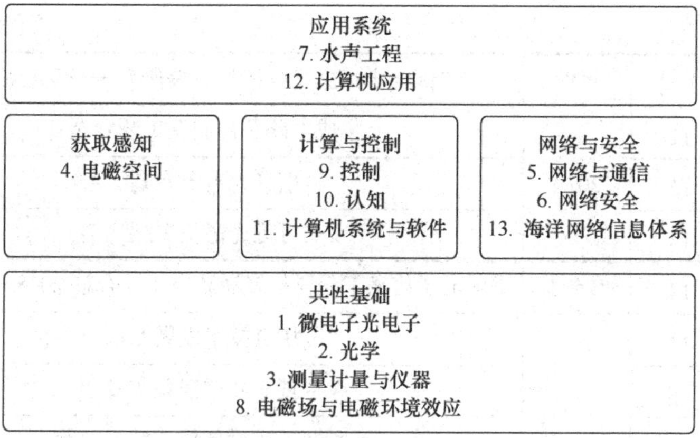

```
┌─────────────────────────────────────────┐
│              应用系统                    │
│            7. 水声工程                   │
│           12. 计算机应用                 │
└─────────────────────────────────────────┘

┌───────────┐ ┌─────────────────┐ ┌───────────────────┐
│ 获取感知  │ │   计算与控制    │ │   网络与安全      │
│4. 电磁空间│ │    9. 控制      │ │  5. 网络与通信    │
│           │ │   10. 认知      │ │   6. 网络安全     │
│           │ │11. 计算机系统与软件│ │13. 海洋网络信息体系│
└───────────┘ └─────────────────┘ └───────────────────┘

┌─────────────────────────────────────────┐
│              共性基础                    │
│          1. 微电子光电子                │
│             2. 光学                     │
│          3. 测量计量与仪器              │
│        8. 电磁场与电磁环境效应          │
└─────────────────────────────────────────┘
```

图 1　子领域归类图

前期，"蓝皮书"已经出版了综合篇、系列专题和英文专题，见表 1。

表 1　"蓝皮书"整体情况汇总

序号	年份	中国电子信息工程科技发展研究——专题名称
1	大本子	中国电子信息工程科技发展研究
2	2018	中国电子信息工程科技发展研究（领域篇）——传感器技术
3		中国电子信息工程科技发展研究（领域篇）——遥感技术及其应用
4	大本子	中国电子信息工程科技发展研究 2017
5	2019	5G 发展基本情况综述
6		下一代互联网 IPv6 专题
7		工业互联网专题
8		集成电路产业专题
9		深度学习专题
10		未来网络专题

续表

序号	年份	中国电子信息工程科技发展研究——专题名称
11	2019	集成电路芯片制造工艺专题
12		信息光电子专题
13		可见光通信专题
14	大本子	中国电子信息工程科技发展研究（综合篇 2018—2019）
15	2020	区块链技术发展专题
16		虚拟现实和增强现实专题
17		互联网关键设备核心技术专题
18		机器人专题
19		网络安全态势感知专题
20		自然语言处理专题
21	2021	卫星通信网络技术发展专题
22		图形处理器及产业应用专题
23	大本子	中国电子信息工程科技发展研究（综合篇 2020—2021）
24	2022	量子器件及其物理基础专题
25		微电子光电子专题
26		光学工程专题
27		测量计量与仪器专题
28		网络与通信专题
29		网络安全专题
30		电磁场与电磁环境效应专题
31		控制专题
32		认知专题
33		计算机应用专题

续表

序号	年份	中国电子信息工程科技发展研究——专题名称
34	2022	海洋网络信息体系专题
35		智能计算专题
36	2023	大数据技术及产业发展专题
37		遥感过程控制与智能化专题
38		操作系统专题
39		数据中心网络与东数西算专题
40		大科学装置专题

从2019年开始，先后发布《电子信息工程科技发展十四大趋势》《电子信息工程科技十三大挑战》《电子信息工程科技十四大技术挑战》（2019年、2020年、2021年、2022年、2023年）5次。科学出版社与Springer出版社合作出版了5个专题，见表2。

表2 英文专题汇总

序号	英文专题名称
1	Network and Communication
2	Development of Deep Learning Technologies
3	Industrial Internet
4	The Development of Natural Language Processing
5	The Development of Block Chain Technology

相关工作仍在尝试阶段，难免出现一些疏漏，敬请批评指正。

中国信息与电子工程科技发展战略研究中心

前　言

1965年，戈登·摩尔揭示出"集成电路上的晶体管密度平均每18～24个月翻一番"的摩尔定律，并在过去半个多世纪成为推动整个高科技行业的圭臬。

新时代，集成电路持续前行之路上空被两朵乌云笼罩，一朵乌云是摩尔定律失效与数据规模指数级增长的剪刀差越来越大。随着集成电路特征尺寸逼近"硅原子直径级"线宽，集成电路尺寸微缩减慢、功耗衰降放缓、研制周期变长、工艺成本剧增，28nm工艺之后摩尔定律的经济性开始失效，随着工艺的进步功耗逐步降低，计算性能逐步提升：功耗方面，在16nm之后，与上一代相比，系统功耗降低比率仅为30%；2010年之后，每代CPU计算性能提升比率降至3%。与此同时，随着物联网、大数据、云计算等飞速发展，数据规模在爆炸式增长，IDC预测，到2025年，全球物联网设备将超750亿，全球每天产生的数据高达490EB，计算能力"线性增长"与数据规模"指数膨胀"处理能力与需求之间的矛盾越来越突出。另一朵乌云是如何找到符合智能第一性原理的"功能等价、效能逼近"集成电路发展范式。美国2020年发布的《半导体十年计划》指出，若没有技术与产业的范式变革，到2040年，信息基础设施的耗电将超出能源供给总量，全球生产的硅都用于存储数据都不够，搬移每年产生的数据将需要20年。冯·诺依曼架构在成就繁荣信息产业和数字经济的同时，其存算分离模式正成为数据密集时代"能耗墙"之主要瓶颈。近年来 NPU、DPU 等领域专用体系架构如雨后春笋，迎来工艺红利放缓下的黄金发展期。与此同时，人类对智能芯片的探索更是如火如荼，各种深度学习芯片与创业公司不断涌现，在服务千行百业与百姓生活中迎来发展浪潮，但也日趋暴露其对"大算力"与"大数据"的严重依赖，相比只有数百赫兹、十几瓦功耗的高度智慧人脑，人类智能之路可谓前途漫漫。因此，不论是集成电路技术产业正面临的可持续发展困局，还是"人网物"智联数据密集时代对新集成电路物种的需求，集成电路作为信息乃至智能时代的物质基石，必将率先迎来重大变革重塑，甚至发展范式变革。

着眼智能时代对新一代集成电路的变革需求，研判集成电路技术与产业的发展趋势，紧贴我国集成电路技术与产业基本国情，从系统工程视角出发，揭示了冯·诺依曼存算分离在处理数据密集业务时的"体系架构缺陷"。基于此，找到了当前系统集成逐级堆砌式工程技术路线的"性能插损问题"，发现了集成电路封装技术严重落后于工艺技术进步的"性能失配矛盾"，从追求器件的先进性转向追求系统级功能、性能与效能等指标的先进性，将摩尔定律作用域从芯片级扩展到系统级，将集成电路指标从基于特征尺寸的"性能-功耗-面积(Performance, Power, Area, PPA)"升级为面向应用(Application, APP)的功能、性能与价值密度，进而提出了软件定义晶上系统(Software Defined System on Wafer, SDSoW)。SDSoW 摒弃当前系统逐级堆砌式工程技术路线，打破片上系统(System on Chip，SoC)边界条件束缚，升级为软件定义体系架构，将软硬件配合演进为软硬件协同，将 IP 复用变革至芯粒(Dielet)复用，将 2.5D/3D 小规模封装升级至晶圆级大规模集成，将单一工艺拓展至多种工艺，将硅基材料拓展至多种异质材料，同时天然支持各种先进"感、传、存、算"等新技术的融合，有望探索一条集成电路设计、集成与应用的新路线，形成以应用场景垂直整合、随阅历数据自我演化的新一代智能集成电路发展范式。

SDSoW 首次从系统视角，站在"材料、器件、工艺、结构、算法、应用"全流程，基于复杂性系统工程思想，用领域专用软硬件协同的体系结构和异构异质"类专用集成电路(ASIC)"的拼装集成技术路线，给出了一条集成电路的可持续发展乃至智能涌现之路。

SDSoW 具备软件定义体系结构和晶圆拼装集成的双重优势，晶圆拼装集成相比现有"堆砌式"工程技术路线在互连带宽、功耗和延迟具有近三个数量级的通信能效优势，拟态计算也证明，软件定义体系结构相比现有的刚性通用计算结构具有一到三个数量级的能效优势，通过连乘可以获得不低于三个数量级的综合增益，不仅可解决现有集成电路与信息系统面临的体积、功耗、性能、效能等可持续困局，也可为新器件、新结构、新工艺、新算法、新应用的创新发展提供软硬件协同集成平台，可带动集成电路、信息系统及网络从信息时代迈入智能时代。

目 录

《中国电子信息工程科技发展研究》编写说明
前言
第1章 我国集成电路面临的形势与困局 ·················· 1
  1.1 未来信息基础设施特征 ······························· 1
    1.1.1 软件定义化 ··· 1
    1.1.2 连接泛在化 ··· 3
    1.1.3 资源云端化 ··· 5
    1.1.4 服务智能化 ··· 6
    1.1.5 内生安全性 ··· 7
  1.2 未来信息基础设施对集成电路的需求 ············· 9
    1.2.1 工程系统角度：超高密度与超强能力需求 ······ 9
    1.2.2 芯片能力角度："摩尔定律"持续有效需求 ···· 11
    1.2.3 新型应用角度：服务质量极致化保证需求 ···· 12
    1.2.4 服务模式角度：经济性指标重新定义需求 ···· 14
  1.3 全球集成电路面临的发展困局 ····················· 15
    1.3.1 工艺节点维度：先进工艺节点逼近物理极限 ···· 17
    1.3.2 裸芯面积维度：超大裸芯尺寸导致良率锐减 ···· 19
    1.3.3 先进封装维度：高级封装的规模与散热瓶颈 ···· 21
  1.4 我国集成电路面临的特有困局 ····················· 22
    1.4.1 我国集成电路的基本国情分析 ·················· 22
    1.4.2 我国集成电路面临的国际环境 ·················· 25
    1.4.3 底线思维下的集成电路出路思考 ··············· 28

第2章 软件定义晶上系统的提出 ········ 31
2.1 集成电路正迎来发展范式迁移 ········ 31
2.1.1 哲学视角：以"新三论"探究智能涌现之路 ···· 31
2.1.2 系统视角：以系统工程学升级工程技术路线 ···· 35
2.1.3 微电子视角：以维度扩展重新定义摩尔定律 ··· 39
2.2 我国集成电路的发展范式内涵 ········ 42
2.2.1 集成电路在国家战略中的基石地位 ········ 42
2.2.2 探索二流工艺的一流系统发展之路 ········ 44
2.2.3 系统工程科学的"它山之石"启迪 ········ 45
2.3 软件定义晶上系统 ········ 47
2.3.1 思维视角的升级 ········ 47
2.3.2 方法论的迁移 ········ 50
2.3.3 工程实践的指导 ········ 52
2.3.4 微电子新发展范式：软件定义晶上系统 ········ 53

第3章 软件定义晶上系统的内涵与关键技术 ········ 54
3.1 软件定义晶上系统的内涵 ········ 54
3.1.1 软件定义系统：系统之系统 ········ 56
3.1.2 软件定义晶圆：软件定义硬件 ········ 56
3.1.3 晶上系统：异构异质拼装集成 ········ 56
3.1.4 软件定义晶上系统：结构与工艺联合迭代创新 ········ 57
3.2 软件定义晶上系统的关键技术 ········ 57
3.2.1 领域专用软硬件协同计算架构 ········ 57
3.2.2 软件定义晶上互连网络 ········ 66
3.2.3 领域专用混合粒度芯粒 ········ 70
3.2.4 晶圆基板制备与拼装集成 ········ 72
3.2.5 超高密度供电与散热 ········ 75

              3.2.6 软硬件协同开发与编译工具 ················· 79
    3.3 与片上系统技术对比 ······························ 84
              3.3.1 软硬件配合到软硬件协同 ················· 84
              3.3.2 IP设计复用到芯粒集成复用 ················ 85
              3.3.3 2.5D/3D封装到晶圆级集成 ················ 86
              3.3.4 单一工艺到多种工艺 ····················· 88
              3.3.5 硅基材料到异质材料 ····················· 89
第4章 国内外相关进展 ······························ 91
    4.1 先进封装进展 ···································· 91
              4.1.1 2.5D封装 ······························ 91
              4.1.2 3D封装 ································ 95
              4.1.3 晶圆级封装 ···························· 102
    4.2 新型计算架构进展 ······························ 104
              4.2.1 异构计算 ······························ 105
              4.2.2 近存计算 ······························ 108
              4.2.3 软件定义计算 ·························· 109
              4.2.4 图计算 ································ 114
    4.3 先进互连进展 ··································· 114
              4.3.1 高速串行互连 ·························· 114
              4.3.2 晶上并行互连 ·························· 117
              4.3.3 硅光互连 ······························ 125
    4.4 供电与散热进展 ································ 127
              4.4.1 大面积供电进展 ························ 127
              4.4.2 高密度散热进展 ························ 142
    4.5 领域专用高级语言与开发环境进展 ··············· 144
              4.5.1 OpenCL与CUDA ························ 144
              4.5.2 P4与Capilano ·························· 145

4.5.3　Chisel 与 JDK ……………………………………… 148
第 5 章　软件定义晶上系统发展展望 ……………… 149
5.1　集成电路的新发展范式 ……………………………… 149
5.1.1　刷新信息基础设施技术物理形态 …………… 149
5.1.2　重新定义微电子技术经济性指标 …………… 150
5.1.3　构建微电子技术产业分工新模式 …………… 151
5.1.4　加速微电子技术融合应用创新 ……………… 152
5.2　驱动本质智能时代到来 ……………………………… 153
5.2.1　赋能面向领域的软硬件协同计算 …………… 154
5.2.2　赋能知识与算法驱动的智能时代 …………… 155
第 6 章　结束语 ……………………………………………… 157
参考文献 …………………………………………………………… 159

第1章 我国集成电路面临的形势与困局

1.1 未来信息基础设施特征

随着云计算、大数据、人工智能、5G、区块链等新一代信息技术逐渐向经济生活各个领域渗透，新一轮的科技革命和产业变革在世界范围内蓬勃发展。为有效推动新一代信息技术在全社会大规模商业化应用，加快构建新型信息基础设施成为各国的优先战略选择。2020年初新冠疫情暴发，给社会带来了巨大灾难的同时，也改变了人们的生活工作方式，极大促进了全球数字经济的快速发展。整个社会加速进入数字化、网络化、智能化时代，人类社会加速进入万物感知、万物互联和万物智能的新时代，给信息基础设施发展带来巨大机遇的同时，也对信息基础设施的内涵外延、技术特征、产业能力提出了新的、更高的要求。

1.1.1 软件定义化

硬件和软件是信息技术的两大核心，早期处理硬件以标准中央处理器(Central Processor Unit, CPU)为主，软件开发围绕CPU为主，硬件是信息系统的功能和性能核心。伴随信息化场景的拓展以及硬件技术的发展，涌现出了图形处理器(Graphic Processor Unit, GPU)、数字信号处理器

(Digital Signal Processor, DSP)、现场可编程门阵列(Field Programmable Gate Array, FPGA)等处理硬件,继而诞生上述硬件处理单元的配套软件产品,以支持多样化的领域应用,于是软件在信息系统中的比重得到提升。

在信息处理系统的网络化阶段,提出软件虚拟化技术,发展出了云计算、数据中心等网络信息处理平台。在网络信息处理平台中,异构化的网络资源、计算资源、存储资源通过软件被虚拟池化和标准化,通过对硬件资源的统一动态调度,可在逻辑上虚拟构建出多样化服务实体,基于单一物理信息基础设施可支持多样化的应用,实现资源高效复用共享和服务弹性快速部署。

随着可重构、可编程技术的快速发展,信息技术正在进入软硬件协同计算时代。软件不仅可以定义资源,而且可以直接定义硬件的功能:将硬件设备和平台"白盒化",由应用场景的软件来定义硬件系统的功能和性能。通过软件定义硬件,既可实现从应用软件到"硅级"硬件的全栈式软件定义,也可实现从功能、性能、流程和数据等的全维软件定义,继而彻底开启信息技术的软件定义时代。软件定义的开放性、标准性、模块化等优势,也为信息技术的智能时代提前做好使能技术准备。

当前,软硬件协同计算正在成为新的计算方向,以面向应用的软件定义为中心,通过软件去定义硬件系统、网络平台乃至基础设施成为新的服务模式。在 2018 年世界计算机体系结构大会上,图灵奖得主 John L. Hennessy、David A. Patterson 指出,领域专用软硬件协同计算成为计算机体系结构发展的新方向[1]。中国科学院梅宏院士也在

《软件定义的时代》[2]中指出:"我们正在进入一个软件定义时代。"

软件定义所涉及的基础硬件资源不局限于传统意义上的存储、计算、网络等硬件资源,还覆盖包括传感、应用、平台等软硬件、服务资源以及数据等"云网端"的各类资源。逐渐"泛化"的软件定义,可实现全网硬件资源互连互通与共享,可支持全栈式、全维资源可编程,形成面向"人网物"万物智联的融合基础设施。

1.1.2 连接泛在化

梅特卡夫定律[3]指出,网络价值与网络中节点数量的平方成正比,即 N 个连接可创造出 N^2 的效益,即网络价值能够得到的体现程度随着共享程度和用户群体规模的增加而增加。梅特卡夫定律的背后,引领着驱动社会发展的旧经济模式向网络经济模式的迁移,也即意味着一个指数级的非线性经济价值驱动力的产生。抢抓这个战略机遇迅速成为全球共识,越来越多的机器与机器、人与人、物与物被加速互连起来,组成各种各样的复杂信息系统,造就了全球最大网络信息基础设施。伴随人类物联网和智能化进程深入,这个网络正在从"人网物"万物互连加速向"人网物"万物智联迈进。

互联网在第一阶段主要实现了 PC 连接,成就了互联网从学术网络到万维网络的崛起,迅速服务于人类的学习、工作与生活,交互形式以文字、图像为主,连接的 PC 数量超 10 亿台,诞生了亚马逊、雅虎、eBay、淘宝等互联网巨头企业;第二阶段主要实现了智能终端连接,移动社交网络的崛起是重要推动力，媒体发布的 Web2.0 实现了内容的极大丰富，交互形式拓展到以流媒体、短视频等为主，连接的手机数量超 50 亿台，诞生了 Facebook、Google、Netflix、阿里巴巴、腾讯等企业；伴随区块链、云计算、物联网、人工智能等技术与互联网的加速融合，人类正在加速进入网络连接第三阶段，即，"人网物"万物智联，网络空间与数字空间高度融合，交互形式更加场景化、沉浸化、全息化，更好地支撑即将到来的元宇宙时代，连接的智联终端规模至少在 500 亿台，必将诞生一批寡头企业。连接不仅是驱动生产力发展的底层原动力，而且也逐渐成为人类基本权力，互连技术与产业具有广阔发展前景，也直接关系下一个风口的制高点竞争，发达国家在网络互连方向进行战略布局：Google 公司基于开放的安卓平台提出"连接世界战略"的雄伟目标；Facebook 将未来战略方向定义为"虚拟现实、人工智能和网络连接"，2021 年将公司更名为 Meta，宣示全面进军元宇宙的战略决心；腾讯发展战略从"做消费互联网的连接器"，2018 年通过成立云与智慧产业事业群等战略升级到"做产业互联网的连接器"；华为提出了"共建美好的全联接世界"战略。

　　科学研究揭示，人类认知世界的过程就是搭建连接通路的过程，连接的发达程度直接决定了智慧程度和阅历深浅，因此可以将连接的发达程度作为衡量智能水平的一个重要标志。为了满足信息系统自动化与智能化的发展需求，就必须搭建连接丰富、所需触发和动态变化的互连网络。基于人机交互的信息系统在未来的信息领域中占据越来越重要的地位，其中的互连技术必须具有发达的连接、动态触发、按需组网、安全低耗、灵活多变的特点，以实现系统的智能化、自动化。因此，随着智能时代的到来，我们将处于一个连接无处不在的智慧世界。

1.1.3 资源云端化

近年来，业界各领域不断提升云基础设施服务上的支出，其中 2020 年是一个转折点。受新冠疫情冲击，各行业加快了数字化转型的节奏，人们对于云计算、人工智能等新技术的需求也越来越旺盛，这些趋势导致了全球云服务市场增长态势大幅攀升。根据权威调研机构 Synergy Research 此前发布的数据显示[4]：2020 年，企业在云基础设施服务上的支出达 1300 亿美元，同比增长 35%，投入已在数据中心硬件和软件之上。

2020 年，全球范围企业在数据中心总支出不足 900 亿美元，同比下降 6%，且过去十年间的年均支出率在 2%左右，与之相比，云服务基础设施（托管私有云，PaaS 和 IaaS）的年均支出增长率则高达 52%。通过以上对企业在云和数据中心上的支出对比来看，云构架增长持续十年之久，显示出传统 IT 结构向云构架转变。根据 IDC 最新发布的数据显示：2021 年上半年中国公有云服务整体市场规模(IaaS/PaaS/SaaS)达到 123.1 亿美元。

以亚马逊云科技为例，2008 年以来，亚马逊云科技在人工智能、机器学习以及服务器底层技术等方面一直不断创新，对全球云计算的发展起到了引领作用，使之成为社会重要基础设施。目前，亚马逊云为企业数字化转型提供了超过 200 多类服务，在数据分析、物联网、人工智能、信息安全等各方面，为企业数字化转型提供了许多实用性工具。

在信息科技以惊人速度发展的今天，各行业数字化转型步伐加快。以云为核心的智能化、数字化发展速度正在加快，传统IT结构向云构架转变的趋势不可逆转[5]。云服务变得越来越主流，驱动云无处不在，云IT设施迎来历史重大机遇。

1.1.4 服务智能化

在未来的十年里，全球化发展数字经济、迈向人工智能社会进入新时期。将人工智能技术与基础设施相融合(AI基础设施)，通过构建高通量、高可靠、可重构的柔性高质量网络，基于"算法、算力、算料"等人工智能三大要素，建立开放性基础设施平台实现人工智能高性能、高效能、高灵活部署应用，有助于我们实现智能化服务基础设施的目标。

人工智能基础设施主要包含两部分内容：一是以算力资源、数据资源、算法框架为核心的AI能力要素；二是以服务医疗、交通、制造等各垂直行业智能化应用的AI开放平台，包括自动驾驶AI平台、城市大脑AI平台、医疗影像AI平台、智能语音AI平台等赋能各行业应用的AI开放平台，向下能够引导数据、算法、算力等能力要素的演进路径，向上可以面向各垂直行业提供开放、普惠的智能化服务，具有承上启下的重要作用。

以企业主导推出的AI开放平台为例，其规模大、应用领域广、落地场景多，有力支撑AI生态体系建设。企业通过开源开放底层技术及算法框架自建 AI 开放平台的方式，迅速聚合上下游合作伙伴，聚集开发者等人才资源，助力打造具备自主创新实力的生态体系。一方面通过自身产品的打造，促进自研先进技术的应用落地；另一方面，以开源社区和广大开发者为切入点，挖掘其潜在应用场景以及商业化价值，推动形成健康可持续的 AI 生态体系。例如，百度大脑 AI 开放平台[6]通过提供"云、边、软硬一体"的多种开放方式以及提供 228 项核心 AI 能力，降低 AI 应用门槛，帮助合作伙伴快速实现产业链上下游对接。

1.1.5 内生安全性

信息基础设施中的数据处理和交换等核心功能往往交予集成电路完成，集成电路中存在的恶意后门或漏洞可能导致整个信息基础设施的安全大门完全敞开，造成的后果不可估量。2018 年被曝出的 CPU 漏洞熔断(Meltdown)和幽灵(Spectre)[7]，涉及 2010 年以后的几乎所有英特尔、AMD 和 ARM 架构产品(苹果、高通、三星、华为、英伟达等)，另外，英伟达的 GPU 包括 GeForce、Quadro、NVS、Tesla、GRID 也受到一定的影响，造成了巨大的经济损失。此外，集成电路中的漏洞和后门却越来越难以被发现和避免。随着集成电路技术的发展、集成度的提高和规模的不断增大，功能越来越复杂，晶体管数量逐年增加。在具有上亿个晶体管的超大规模集成电路中找出所有恶意代码或植入的后门是几乎不可能完成的任务。与此同时，实现复杂功能需要成千上万行代码，尽管有验证、测试等多种手段用以检查功能是否正确，但难以完全彻底避免漏洞的产生。信息基础设施的信息安全始终是一个重要而没有被很好解决的问题。

传统附加式防御手段[8]已经难以应对基于未知漏洞、后门等的未知攻击。随着披露的国内外网络安全事件越来越多，传统网络安全防御理念与技术存在的基因缺陷也被暴露出来，难以应对以下几个方面的攻击：①未知软硬件漏洞；②潜在的各类后门；③各类日益复杂和智能化的渗透式网络入侵等。随着漏洞挖掘和利用水平的不断提升、后门预置与激活技术的不断发展，以及 APT 等的持续攻击隐蔽性不断增强，上述问题将日趋严重。

内生安全理念[9]通过构造效应赋予系统内在不确定性，利用系统的架构、机制、场景、规律等内在因素获得安全功能或属性，依靠自身因素而不是外部因素获得系统安全增益。内生安全机理分为三个方面：①能将任何针对功能个体的不确定性攻击转化为系统可以容忍的攻击性事件；②能将可以容忍的攻击事件变换为概率可控的可靠性事件；③借助策略调度和多维动态重构负反馈机制将攻击成功概率控制在期望的阈值之下。

内生安全效应给非配合条件下的协同攻击带来了难以克服的挑战，也能给通过网络攻击影响目标对象私密性、完整性、有效性的战术作用带来更多的不确定性，甚至直接瓦解基于软硬件代码缺陷的攻击理论和方法的有效性，并使网络攻击难以形成战役战术层面可规划利用、作战效果可评估评价的打击任务手段。网络和信息安全正在突破传统附加式防御的被动格局，基于构造技术的内生安全将成为未来信息基础设施的基本属性。

1.2 未来信息基础设施对集成电路的需求

随着云化集约、人工智能、大数据等的飞速发展,体系架构、集成电路的发展也出现了新的趋势。计算架构创新和集成电路工艺创新成为延续摩尔定律的主方向。其中,计算架构创新方面,作为计算新模式的软硬件协同计算成为研究热点。另外,"牧村浪潮(Makimoto's Wave)"[10]和许氏循环[11]均指出,半导体产品每十年波动一次,沿着"通用"与"定制"交替发展。2018~2028年之间将是半导体设计处于通用的阶段,通用阶段半导体的特点是:目标芯片可编程,用户为了得到自定义的功能电路,用户可以对目标芯片进行配置编程,使得"硬""软"均可编程,即算法可编程、可重构器件也可编程的 U-SoC[12],集成电路进入到软件定义芯片的时代,为变结构处理、变结构计算等打下了坚实的技术基础。

集成电路作为未来智能技术载体与智能产业基石,不论是超算中心、大数据中心、工业互联网,还是边缘计算、人工智能终端、物联网,都正在对集成电路功能、性能、成本等提出了新的需求。随着软硬件协同计算、软件定义芯片技术的不断发展,本节从工程系统、芯片能力、新型应用和服务模式几个维度阐述了未来基础设施对集成电路的新需求。

1.2.1 工程系统角度:超高密度与超强能力需求

信息系统一直遵循"芯片、模组、机匣、机架、系统"

的工程实现路线,如图 1-1 所示。对信息基础设施,如超级计算、云计算、边缘计算、数据中心及核心网络骨干节点等,为实现最大化的集约服务效能,服务足够多的用户,提供尽可能多的计算、存储和网络资源,对 CPU、DSP、GPU、存储、交换、ADC、射频等不同用途的芯片,往往要层次化地堆叠数万乃至数十万规模之巨,典型系统功耗达数兆瓦乃至数十兆瓦量级,机架数量达到近百个,占地总面积达到近千平方米。更为严重的是,这种"拼规模"的发展模式会导致系统性价比和效能急剧下降,功耗和延迟则会急剧增加,通过逐层堆叠不同功能芯片实现的集成系统的工程技术路线遭遇可持续发展瓶颈。以连续两年(2016 年、2017 年)斩获世界超级计算机排名榜单 TOP500 第一名的太湖之光超级计算机[13]为例,太湖之光由 40 个运算机柜和 8 个网络机柜组成,该系统由 40960 个自主研发的申威众核处理器组成,占地面积 605m^2,功耗达 15.37MW,运行的实际功耗大于 18MW。人类大脑由 800 多亿个神经细胞组成,如果把大脑的活动转换成电能,相当于一只 20 瓦灯泡的功率。虽然在处理速度、存储容量上,人脑无法与超级计算相比较,但人类大脑的推理判断等智能特征是未来信息基础设施所需具备的基本要求,为达到此基本要求,作为底层基础设施的芯片,具有超高密度的计算资源是提升系统效能的关键路径之一。

根据 $P = f(C)$ 可知,系统性能与芯片的处理密度强相关,芯片处理密度越大,芯片处理能力越强,系统性能越优。因此,从系统工程的角度看,需要更高处理密度、更强处理能力的芯片来构建未来智能信息基础设施。

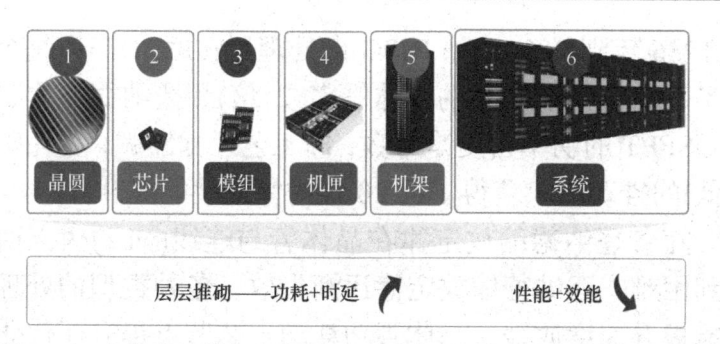

图 1-1 "芯片、模组、机匣、机架、系统"的工程实现路线

1.2.2 芯片能力角度:"摩尔定律"持续有效需求

当前摩尔定律逼近物理学与经济学双重极限,万物互联时代即将到来,大数据呈现爆炸式增长,数据量与处理能力出现巨大的剪刀差,大量的数据存不下、算不及,导致大量有用数据丢失。另外,工艺进步对计算性能提升明显降低,红利逐渐消耗殆尽,如图 1-2 所示。

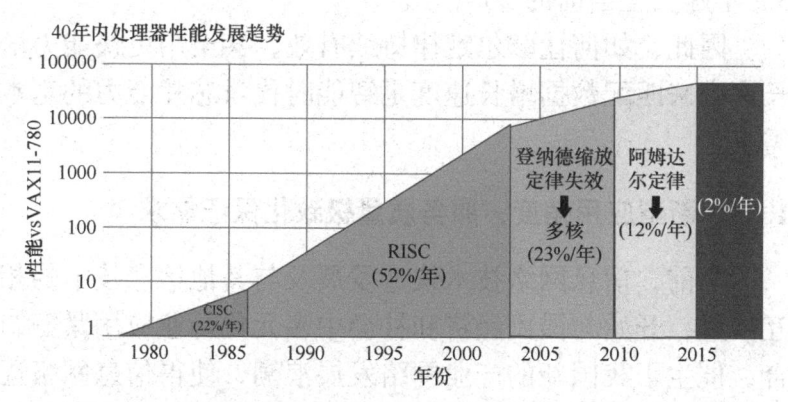

图 1-2 计算性能随工艺与体系结构创新的发展状态

图 1-2 源自 John Hennessy 和 David Patterson 的《计算机体系结构:量化研究方法》[14],从这张图中可以看出,

从 1986 年到 2004 年，RISC 微处理器在摩尔定律(每个新的半导体工艺节点处的晶体管多 2 倍)和登纳德缩放定律(MOSFET 的功率密度是常数，即工艺尺寸缩减，功耗跟随降低)的推动下，获得了近 20 年的快速性能提升。

随着登纳德缩放定律在晶体管与连线(wire)两方面都遇到困难，登纳德缩放定律逐渐失效，各种类型的处理器性能提升速度放缓，晶体管功耗随工艺节点提升而优化的量级也降低。通过依赖摩尔定律(每个节点增加 2 倍的晶体管)增加单芯片处理器数量来维持性能的提升，处理器技术进入多核时代。在这个时代，处理器性能加倍的间隔从 1.5 年延长到 3.5 年。虽然登纳德缩放定律在阿姆达尔定律的推动下，处理性能加倍的间隔从 3.5 年延长到 6 年，但是随着摩尔定律的放缓，自 2015 年以来处理器性能的提高已急剧下降到每年仅 3%。处理器性能加倍的时间也由 1.5 年、3.5 年延长至当前的 20 年了。

因此，如何让摩尔定律持续有效，甚至用更快能力增长速度来匹配数据增长速度是智能时代对芯片能力的基本需求。

1.2.3 新型应用角度：服务质量极致化保证需求

当前，信息网络技术快速发展及与其他信息技术的相互渗透，开始与国民经济和社会中多元化行业应用紧密结合，催生了我国新的产业网络发展浪潮，使得信息网络逐步由浅层次的工具产品逐渐演变成为支撑全社会、全行业、全生态运行的基础互联网络。用户对信息网络的使用需求从简单的端到端模式转变为海量内容获取、高清视频直播、低延迟远程控制等,给传统产业的转型升级带来了强大的内源性动力,激发了大量"互联网+行业应用"融合创新应用,为经济发展提供了新动能,实现其服务对象从"to C"到"to C&B"的变革性发展,已经成为全球新一轮科技革命和产业变革的核心内容。

近年来,以确定性网络、高可靠/低时延网络、算力网络、意图网络、零信任网络等为代表的新型网络技术发展迅速。以 SDN/NFV[15,16]、可重构[17]为代表的开放网络技术蓬勃发展,其通过转发与控制分离机制对计算、存储、网络资源进行灵活调度和管理,使得网络中链路、路由、流量等按需调度,并基于功能的可重构、可编程等实现了网络开放、可扩展和自演化能力,从而提升网络传输效率并优化资源配置等。应用驱动的多样化寻址路由技术蓬勃发展,以内容、空间坐标、身份标识等为中心的寻址路由,已在现实网络中初步应用并取得良好效果。新型网络技术与国民经济社会各领域深入融合并开展应用,充分发挥了其在社会资源配置中的优化和集成作用。所以,将信息网络的创新成果应用于工业、金融、能源等经济社会各领域,将会有效地提升社会的创新力和生产力。

然而,各种新型业务的出现对网络端到端时延和抖动等要求极其严格,信息网络不但要支持各类消费型业务,如网络直播、AR/VR、在线游戏等,而且还要支持各种生产型业务,如工业制造、无人驾驶、远程医疗等,实现万亿级规模终端的泛在互连、下发指令等,在海量数据收集、处理、分发和利用的基础上提供丰富样式的智能服务等。这些应用场景对信息网络的全空间/全时段互联、高可靠/低时延传输、算云网一体融合、智能服务、安全保障等能力提出了服务质量的极致化保证需求。

1.2.4 服务模式角度：经济性指标重新定义需求

芯片行业是典型的资金密集和人才密集型的高风险产业，按照当前的经济模式，如果芯片产品生产费用无法摊薄，成本将直线上升，制程工艺的研发和生产成本逐代上涨，由图 1-3 可知 5nm 制程下的设计费用已高达 5.4 亿美元。根据市场研究机构 International Business Strategies(IBS) 的数据[18]，3nm 芯片的设计费用约 5~15 亿美元，工艺开发费用约 40~50 亿美元，建设一条 3nm 产线的成本约为 150~200 亿美元，而 3nm 芯片仅比 5nm 芯片提升 15%性能、降低 25%功耗。

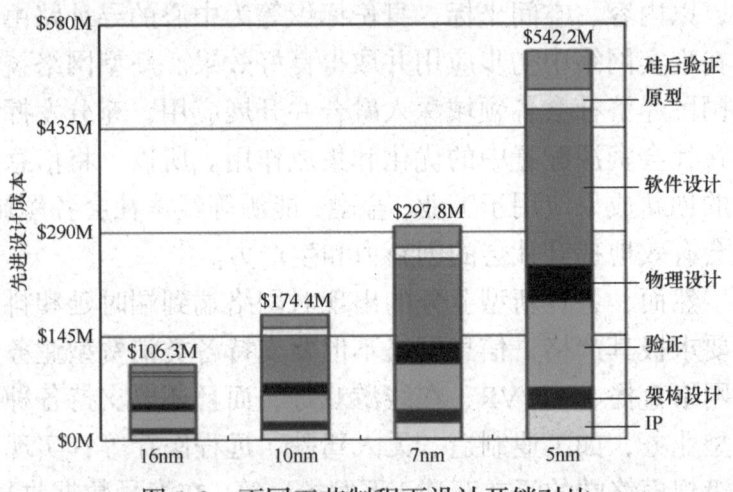

图 1-3 不同工艺制程下设计开销对比

随着资金、技术壁垒的提升，先进制程的供给端形成垄断趋势，先进制程供不应求。目前先进制程的寡头只有台积电、三星、英特尔。英特尔为垂直整合制造(Integrated Design and Manufacture，IDM)公司，不对外提供流片服务。随着 5G、智能手机、高性能计算、人工智能、物联网等技术的发展，对 7nm 及以下先进制程需求增加。台积电是拥有先进制程的晶圆代工厂，工艺客户方面，目前 10nm 客户 10 余家，7nm 客户至少 4 家(苹果、高通、三星、AMD)，6nm 客户除了 7nm 的 4 家还多了博通、联发科。先进节点的益处是多方面的，晶体管密度更高、性能更好、空间面积更小、功率更低，但是设计制造成本却越来越高，在当前的集成电路商业模式下，采用先进制程的芯片只有达到足够的出货量才能确保当前的商业模式成立。以 5nm 制程下的芯片为例，出货量需达到 1000 万片。随着云服务的普及，靠芯片销售数量的经济模式，在云化集约服务和多样化碎片应用场景都无法持续，亟须重新定义芯片的经济性指标，未来将以服务频次作为衡量集成电路的经济指标。

1.3　全球集成电路面临的发展困局

摩尔定律是由戈登·摩尔（英特尔的创始人之一）提出来的。摩尔定律的基本内容：产品价格不变时，集成电路上可容纳的晶体管数目，约每隔 18~24 个月增加 1 倍，性能也随之提升 1 倍。定律提出后，集成电路产业蓬勃发展，约每 18 个月进行一次工艺上的迭代翻新。随着芯片的工艺制程向 3nm、2nm 和 1nm 迈进，栅极长度逐渐缩小到 2nm 以下，其长度只相当于 10 个原子大小，这个尺度下，电子行为将进入量子力学的测不准原理领域，将无法保证晶体管可靠性，同时散热和生产成本控制也是难以解决的问题，摩尔定律正逼近物理、技术和成本的极限。2002年以前全球芯片每年性能提升52%左右，到2010年为23%，2010年为12%，最近几年差不多每年提升3%，性能增速的摩尔定律不再有效[19]。经济性方面，在2014年左右，芯片工艺演进至28nm时，百万晶体管的价格约2.7美分，当演进到20nm时，价格不降反升，达2.9美分，经济性摩尔定律不再有效，更先进的3nm制程的开发费用预计耗资40亿至50亿美元，台积电更是计划投入6000亿新台币用于建设3nm产线，约合190亿美元。2015年，由国际半导体行业机构联合发布的国际半导体技术线路图(ITRS)显示，集成电路工艺尺寸日益缩小的趋势引发了技术瓶颈，制约了工艺的发展，从2015年以来产品换代周期已由之前的18个月增长到24个月，这种现象将会持续到2030年。

集成电路一直按照"晶圆—划片—封装"的工程技术路线[20]。伴随工艺制程技术的进步，晶体管和线宽越做越小(已达纳米级)、功能越加越多、规模越来越大、成本越来越低。尤其是SoC系统的出现，提高了产品性能、增加了产品功能和可靠性、缩短了开发周期、降低了开发成本、带动了电子信息系统的跃迁式发展。但随着芯片工艺制程越来越先进，量子效应越明显，制造和设计成本呈指数级攀升、良率控制越来越难、研发周期越来越长、功耗问题越来越突出，集成电路按照SoC基于单一工艺节点进行IP复用的技术路线正遭遇物理节点失效、经济学定律失效、

PPA 指标难以为继等困局[21]。当前的集成电路发展面临着物理极限、良率极限和封装极限三个维度发展的困局，如图 1-4 所示。

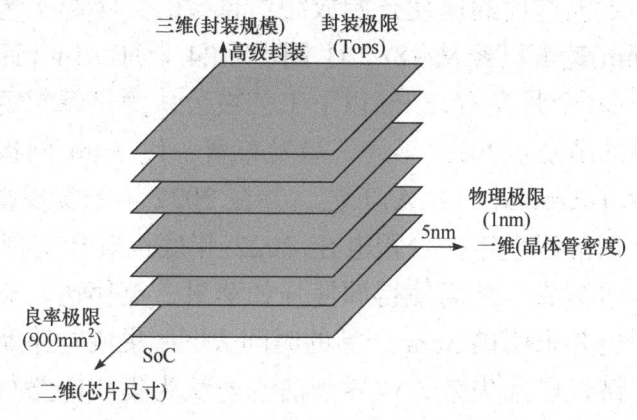

图 1-4 集成电路发展遇到的三个困局

1.3.1 工艺节点维度：先进工艺节点逼近物理极限

工艺节点通常以晶体管的半节距(Half-pitch)或栅极长度(Gate Length)等特征尺寸(Critical Dimension，CD)来表示，以衡量集成电路工艺水平。根据摩尔定律[22]，工艺节点以 0.7 倍递减逼近物理极限，从 1μm、0.8μm、0.5μm、0.35μm、0.25μm、0.18μm、0.13μm、90nm、65nm、45nm、32nm、22nm、16nm、10nm、7nm，一直发展到现在的 5nm、3nm、1nm，先进材料、光刻与蚀刻等专用技术不断进步，晶体管尺寸逐步逼近物理极限[23]。随着工艺节点演进，技术瓶颈制约不断加强，目前及可见未来的技术均无法突破可制造性问题以及物理层面的极限，即使芯片可以被制造出来，但因量子效应的出现，物理学的范畴将改变为介观物理学的范畴，各种物理障碍如杂质涨落、量子隧穿等随之产生，芯片将出现观察者的存在和干扰，其运行状态及良率将无法得到有意义的保证。此外，随着技术突破越来越难，工艺迭代的速度开始放缓，自 2015 年起工艺迭代(11/10nm)速度已经从 18 个月下降为 24 个月，3nm 速度将下降为 30 个月左右，3nm 以下工艺被公认为是摩尔定律最终失效的节点。2019 年，三星发布新一代 3nm 闸极全环(Gate-All-Around，GAA)工艺，并在 2022 年中实现量产，较原计划推迟半年，台积电在 2022 年底也宣布实现 3nm 量产，但其成本之高使得即使强如苹果、英伟达、英特尔等公司也并未明确 3nm 产品的时间表[24]，集成电路摩尔定律的经济性已经失效，业界当前普遍认为集成电路行业将进入后摩尔时代[25-28]。

集成电路的微缩技术路线当前更多需要依赖新材料、新设备和新工艺的技术突破，业界在光刻、材料、器件、系统化设计多方面不断引入新技术，试图持续延续摩尔定律，例如 65nm 引入锗掺杂应变(Ge strained)沟道[29]、45nm 引入高介电常数(high-k)值绝缘层/金属栅极(HKMG)[30]、32nm 第二代 high-k 绝缘层/金属栅工艺[31]等，从 22nm 开始采用鳍式场效应晶体管(FinFET)[32]等。未来从 7nm 工艺节点开始极紫外线(Extreme Ultra-violet，EUV)光刻将全面取代深紫外线(Deep Ultra-violet，DUV)光刻，5nm 节点 GAA 结构[33]将成为主流，3nm 后将引入立体结构设计等新变化，由于技术革新太难且可以预见研发投入及资本开支不断高涨，先进制程成为强者游戏，ITRS 已经宣布不再制定新的技术路线图，持续向 5nm、3nm 等更先进工艺研发的晶圆厂就剩下台积电、三星、英特尔寥寥三家，权威的国际半导体机构已经不认为摩尔定律的缩小可以继续下去了。

1.3.2 裸芯面积维度：超大裸芯尺寸导致良率锐减

众所周知，由于超高算力的需求，按照集成电路微缩技术路线来看，领域内一直追求先进的节点和更大的芯片，以承载更大规模的晶体管。在摩尔定律有效的工艺内，工艺越先进，芯片面积越大，所能承载的功能越多，性能也优于多个小芯片拼装而成的产品。为了延缓摩尔定律的失效，很多厂商都在研发超大规模的芯片，尤其是广泛应用于人工智能、自动驾驶和虚拟现实领域的 GPU，一直在追求大面积。2019 年 9 月 25 日，含光 800[34]人工智能芯片在杭州发布，采用台积电 12nm 工艺，核心面积高达 709mm^2，性能接近英伟达公司 2017 年发布的 GPU Tesla V100[35](台积电 12nm 工艺、芯片面积 815 mm^2，210 亿个晶体管)。2020 年 5 月 14 日，英伟达公司正式发布了世界最大的单芯片 A100 GPU[36]，该芯片历时 4 年研发，裸芯(Die)的面积为 826mm^2，采用了台积电 7nm 工艺，集成了 540 亿晶体管，达到了 7nm 工艺的极限水平，与上一代 GPU Tesla V100 相比较，性能提升了约 20 倍。但受限于光罩尺寸的大小，Die 的面积难以突破 900mm^2 的大小，这使得算力与集成电路工艺能力出现越来越大的剪刀差，集成电路长期内面临着不可逾越的面积墙问题。

由于面积墙问题的存在，给追求大算力能力下的大芯片带来一个更严重的问题，即芯片良率降低，成本升高[37]。芯片成本的一个重要依据是每个晶圆(Wafer)能制造的 Die

数量，因 Die 的形状一般为长方形或者正方形，Wafer 边缘部分必然会被浪费，芯片尺寸越大，被浪费的边缘部分越多。在 Die 的尺寸达到足够小的尺寸时，理论上整张 Wafer 都可以被利用，即面积利用率达 100%。但是晶圆在制造过程中存在不可避免的缺陷，这些缺陷分布在整个 Wafer 上，且单颗 Die 面积越大，其单 Die 存在的缺陷可能性就越高，因此良率就越低。Die 的大小将会影响到芯片的良率，如图 1-5 所示。

好品：10　　　　　　好品：103　　　　　　好品：620
次品：18　　　　　　次品：33　　　　　　次品：38
总计：28　　　　　　总计：136　　　　　　总计：658

良率：35.7%　　　　良率：75.7%　　　　良率：94.2%
Die的尺寸：40mm×40mm　Die的尺寸：20mm×20mm　Die的尺寸：10mm×10mm

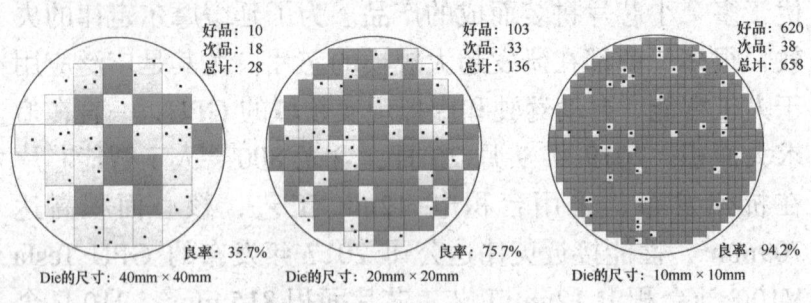

图 1-5　芯片尺寸与良率

灰白色代表有缺陷的 Die，灰白色 Die 上的黑色小圆点代表芯片的缺陷，三种 Die 的尺寸分别为 40mm×40mm、20mm×20mm 和 10mm×10mm，芯片面积呈线性关系，分别是 4∶1 和 16∶1；对应的 Die 良率分别为 35.7%、75.7% 和 94.2%，良率和面积呈指数关系，尺寸越小对应的 Die 良率越高；对应的 Die 好品分别为 10、103、620，好品与面积也呈指数关系，好品增长比例分别为 10∶1 和 62∶1。

从理论上分析，同等功能的芯片会在先进制程下面积变小，随之良率也会提高，同步制程提高还能使得相同功能的芯片功耗更低，性能更好，但是在实际操作过程中，先进的制程也会使得芯片的缺陷更严重，有可能使得良率更低，同时漏电流增大，待机功耗增加。因此通过提高制程来减小面积提升良率并不是很好的解决办法，且难以满足越来越高的算力需求。

1.3.3 先进封装维度：高级封装的规模与散热瓶颈

封装是芯片制造过程的最后一步，看似在电子供应链中无足轻重，却一直发挥着极其重要的作用。为应对集成电路微缩技术路线面临的问题，在后摩尔时代，各代工厂在继续推进先进制程工艺的同时，也在积极发展先进封装技术[38-41]，希望能够通过提升多芯片的集成密度、减小封装面积、增大连接带宽和速度。AMD、Intel 及台积电在先进封装领域都积极布局，2018 年 Intel 将先进封装技术作为其六大战略布局方向之一，陆续推出了 EMIB 2.5D[42]、Foveros 3D[40]封装技术；AMD 的 EPYC(Naples)[43]，每个 EPYC 处理器包括 4 个齐柏林(Zeppelin) Die，使用了 2D MCM(Multi-chip module)封装；Altera Stratix 10 FPGA[44]采用了 EMIB 封装技术，中心是 FPGA Die，周围是 6 个小芯粒(Chiplet)；Altera Lakefield SoC[45]则采用了 3D Foveros 封装技术。为了满足人工智能对大算力的需求，台积电于 2021 年 8 月公布了 CoWoS(Chip-on-Wafer-on-Substrate)[46]封装技术路线图，并公布了第五代 CoWoS 封装工艺，AMD 公司与台积电合作使用 CoWoS 工艺设计并制造了 AMD MI200 "Aldebaran" 专业计算卡[47]，其中封装了 2 颗 GPU 核心、8 片第三代高带宽存储器(HBM2e)缓存。苹果公司采用 Die 缝合技术，借助台积电先进封装工艺，实现硅片的硬核键合，使得 Apple M1 Ultra[48]芯片展现出极其强大的性能。

高级封装技术在一定程度上解决了摩尔定律失效的问题，但借助硅转接或者三维堆叠集成，系统带来了严峻的散热问题[49]：①芯片堆叠带来发热密度提升，主要原因是芯片堆叠后，其散热面积未增加，但是发热量增加了；②无源器件带来发热量增加，有机基板或陶瓷基板内置的阻容器件会产生热量，带来发热量的增加；③热偶效应增强带来散热难题，高级封装技术使得封装内部热源相互连接，热耦合增强，由于散热面积未变，造成了更为严重的散热问题；④高密度集成带来散热难题，由于封装体积缩小，组装密度增加，使得散热问题不易解决。另外高级封装技术受功耗、面积等的影响，也仅能支持较少数量的 Die 堆叠，无法真正解决摩尔定律失效带来的问题。

1.4 我国集成电路面临的特有困局

1.4.1 我国集成电路的基本国情分析

集成电路产业是大国博弈和竞争的战略支点，是中美科技与经济摩擦中美国对华技术封锁的重点产业。随着领域应用从云化集约，逐渐转向大数据处理和人工智能服务的趋势越来越快，"十四五"时期对我国集成电路产业增强自主创新能力，实现科技自立自强提出了更高要求。当前我国的集成电路产业的发展还与"十四五"的要求存在一定差距，主要表现在以下几个方面。

从创新周期看，四次技术革命周期间隔越来越短，其内在原因是技术的加速创新造成产业的加速迭代。在集成电路领域，设计和工艺复杂度在加速提升，先进光刻技术、3D 封装技术不断涌现。先进工艺加速迭代，从 0.35μm 的 CMOS 工艺到纳米级的 FinFET 工艺，晶圆直径从 6 英寸到 12 英寸，量产制造工艺从 7nm 直至 3nm 等。基于相同工艺 IP 复用设计和流片架构的工程技术路线，已经无法满足最大化知识复用和加速产品创新的需求，亟须探索一种开放集成创新的新工程技术路线。

从服务模式看，集成电路产业链价值成本最高的环节是芯片流片和晶圆代工厂投入。在 3nm 工艺的芯片流片费用约为 5～15 亿美元。晶圆代工厂投入费用同样高昂，3nm 工艺的代工厂要求约 150～200 亿美元的投入。当前产业头部的代工厂如台积电、格芯、中芯国际等主要依赖芯片销售数量形成规模化运营模式。这种经济模式在云化集约服务和多样化碎片应用场景中将无法持续，亟须重新定义芯片产业的经济性指标，从扩大销售规模的运营模式转向提高服务频次的运营模式。

从经费投入来看，美日韩等先进集成电路强国和跨国领军企业的经费投入远远高于我国。例如，在研发费用方面，美国的集成电路设计及 IDM 公司每年的投入比重占全世界总研发比重的 71.9%，而中国大陆仅占 3.3%。在 IC 设备材料及零部件、可复用的电路设计或版图和电子设计自动化工具等领域，研发投入占比普遍偏低，我国能真正形成关键核心技术、解决关键环节的集成电路重要创新成果严重不足。

摩尔定律指出了提升芯片性能的发展规律，即芯片单位体积的集成晶体管的数量越来越多。在摩尔定律的指导下，发展集成电路的关键技术在于体系架构和工艺的创新。

传统芯片体系架构的发展路径有两种。一是基于冯·诺依曼架构，以加速硬件计算能力为主要目的，例如，CPU、GPU、DSP、FPGA、ASIC，五类芯片的通用性递减。另一条路径是基于非冯·诺依曼架构的类脑芯片，例如英特尔公司的 Loihi 芯片、IBM 公司的 TrueNorth 芯片、清华大学的天机芯片等，通过模仿人脑神经网络结构提升算力。无论是冯·诺依曼架构或非冯·诺依曼架构的处理芯片，提升芯片性能的主要思想是靠扩大计算单元规模。英伟达公司在 2019 年推出的晶圆级人工智能引擎(WSE)芯片，集成 1.2 万亿个晶体管，WES-2 芯片的晶体管数量更是提升到 2.6 万亿，系统性能的提升同样依赖芯片堆砌。2021 世界 TOP500 超级计算机排名第一的日本"富岳"超级计算机核心数高达 760 万个，我国"神威太湖之光"超级计算机的核心数更是高达千万数量级。计算核的堆砌是最容易且最迅速提高系统性能的方式，但是由于空间规模增加，计算核的互连关系呈指数增长，系统功耗、通信时延增加，整体效能降低。尤其当前现实数据增长的速度远远超过计算处理能力提升的速度，如图 1-6 所示。

半导体产品制造主要包括八大步骤"晶圆加工—氧化—光刻—刻蚀—薄膜沉积—互连—测试—封装"，涉及数百道工艺程序。极其复杂的工艺流程，使得全球半导体产业分工和产业定位都极其分散，没有国家具有完备的自主半导体全产业链。这在当前逆全球化的思潮下，极不利于我国半导体行业发展。

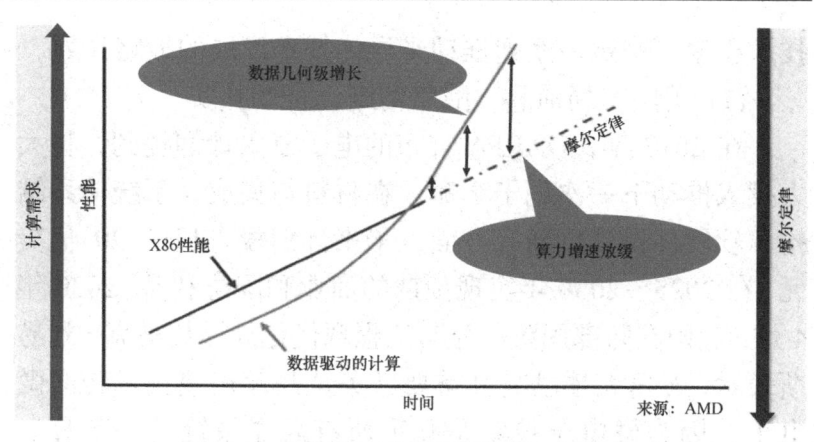

图 1-6　数据增长与处理能力发展趋势

摩尔定律即将失效，工艺进步对算力提升也明显放缓。芯片工艺水平提高，芯片处理密度和功率密度随之增加，芯片的供电和散热管理成为半导体产品面临的主要挑战之一。为保障芯片持续稳定工作，需要稳定的电压供电并保持合适的温度。一方面芯片处理密度增加导致芯片内供电网络机器复杂性增加，多电源域产生的电压降导致芯片各区域的供电极不稳定。另一方面，芯片功率密度的增加导致热流密度增加，芯片温度迅速上升，严重影响系统可靠性。研究表明，70℃～80℃区间内，单个电子元件的温度每升高10℃，系统可靠性降低50%。据统计55%的电子设备失效现象都是温度过高引起的。

1.4.2　我国集成电路面临的国际环境

半导体产业在智能时代处于核心关键地位，成为大国科技竞争和国防安全战略中的最重要的先进科技之一。各国高度重视本国的半导体科研实力和产业能力，结合前期技术积累，制定一系列推动半导体技术发展的战略计划。

(1) 美国布局前瞻，战略清晰，行动扎实

在 2017 年，DARPA 宣布的电子复兴计划提到，将大力投入推动下一次电子革命，在材料与集成、系统体系结构、软硬件设计创新等方面，未来计划投入超过 20 亿美元，在 2025~2030 年实现预期的商业和国防利益。2020 年 4 月，美国国防部国防研究与工程现代化局局长马克·刘易斯表示，五角大楼已将其首要任务从高超声速技术转向微电子，因为微电子技术是几乎所有武器系统的一部分。该局将负责监管的 11 项尖端技术重新排序，微电子位居第一。

(2) 欧盟聚焦微电子五大领域，抱团发展

2018 年，欧盟基于欧洲共同利益重要计划(IPCEI)提出欧洲微电子联合项目，投资将近 80 亿欧元，聚焦于高效能芯片、功率半导体、智能传感器、化合物材料、先进光学设备五大领域的研发。涉及机构包括传统功率半导体垂直整合厂商、科研机构、晶圆代工企业以及半导体产业链上下游的配套企业。欧盟整体实力雄厚，巩固自身在功率半导体和模拟集成电路上的优势，集中攻坚半导体材料和光学设备，以物联网和汽车电子等应用驱动制造能力建设。

(3) 韩国着力强化固有优势，确立枢纽地位

韩国在 2019 年推出半导体制造集群计划，召集了约 50 家上下游零组件或设备生产商和 4 家大型半导体制造商，计划在 10 年内投入约 1138 亿美元。2021 年 5 月，韩国政府发布"K 半导体战略"，即未来十年内投资约 4500 亿美元，以三星电子、SK 海力士等 153 家企业投资为主，将韩

国打造成全球最大的半导体制造基地，主导全球的半导体供应链。

(4) 日本定位基础领域，提高半导体地位

2018年，日本文部科学省发布"纳米技术和材料科学技术研发战略"，提出实现超智能社会5.0和联合国可持续发展目标，推进半导体、量子科学技术、微纳电子机械系统等高精尖技术飞跃发展所需的材料革新。日本经济产业省在2020年6月发布"半导体和数字产业战略"，并指出，在数字革命中半导体的作用和石油不同，是工业中的"大米"，对所有行业都至关重要和不可替代。日本对半导体产业失去的30年进行反省，将半导体的地位上升为战略物资高度，提出了集中投资以强化供应链的方针，并计划引进国外半导体企业到日本办厂作为国家项目。

(5) 我国半导体发展战略

2021年《求是》杂志发表习近平总书记重要文章《努力成为世界主要科学中心和创新高地》，文中指出，努力实现关键核心技术自主可控，把创新主动权、发展主动权牢牢掌握在自己手中。但是面临美国为首的势力对我国集成电路为核心的高科技领域的战略绞杀，我国信息技术与相关产业发展增速面临断崖式下降的风险。如何立足我国作为微电子后进国家的基本国情，抢抓集成电路技术与产业重大变革的战略机遇期，借助换道超车式的体系创新实现战略突围，成为中国科技领域最迫切的时代课题，不仅关乎当下中美对抗的战略走向，甚至关系到中国崛起战略目标的最终实现。然而我国集成电路发展的特点是基础理论薄弱，尖端工业落后，科技人才短缺。2020年，我国把集

成电路从二级学科转变为一级学科，北京大学、清华大学、北京航空航天大学等高校成立了专门的微电子学院。可以预见，我国在集成电路人才的培养规模与质量上将会取得大提升，为科技强国、网络强国以及集成电路自主可持续、高质量发展与升级提供强劲的人才支撑。

1.4.3 底线思维下的集成电路出路思考

集成电路发展与国民经济和社会发展高度融合，是信息技术产业高速发展的源动力和基石，集成电路的技术研究水平和发展规模已成为衡量一个国家产业竞争力和综合国力的重要标志。现代经济发展的数据表明，全球国民经济总产值(GDP)增长率与集成电路市场的增长率关联性十分密切，集成电路产值增长带动约 10 倍电子工业产值增长，电子工业产值增长带动约 10 倍国民经济总产值增长。在发达国家，国民经济总产值增长部分与集成电路相关的比例高达 65%。国际金融危机后，发达国家更加依赖集成电路产业，因此迅速加紧调整经济结构、自诩规则制定者的美国更是将其视为制造业改造所需的重要技术领域。

从历史上看，全球的集成电路市场从来不是一个完全竞争的市场。美国为了保证其在集成电路领域的领先地位，不止一次动用贸易保护手段遏制他国集成电路产业发展。近年来，伴随着中国集成电路产业的快速进步，以美国为首的西方国家对我国十分警惕。在美国政府的干涉下，近年来相关中国集成电路企业、资本对美国集成电路企业的投资并购事件几乎是全军覆没。为了遏制中国半导体的发展，美国采取了层层加码的多种措施：①单方面出口管制。

通过"瓦森纳协定"等政策规定,限制高端敏感的特定技术、产品和服务向中国出口。②第三方出口管制。如果单方面管制效果不明显,就采取第三方出口管制措施,只要使用了美国的技术和产品,就必须持有美国政府的许可,否则不可以向受禁国供货。③直接产品法则。任何国家生产的任何产品,只要含有美国的技术或产品,哪怕只是微乎其微,也要获得美国政府的批准才能出口。④全面禁运。彻底脱钩战略,逆行到去全球化体系,各自独立发展。

集成电路不仅是中华民族伟大复兴必须攻占的战略制高点,也是中美之间长期持久的竞争主焦点和博弈主战场,这将是我国未来相当长时间必须保持的底线思维,也是我们制定科技规划、创新路线选择必须恪守的战略底线。如何在美国极端打压下实现集成电路发展的高水平自立自强,成为旗帜鲜明的时代课题。

在集成电路领域,我国将长期面对美国"一超独霸"的局面,尤其是在基础理论、关键装备、核心材料、设计工具等方面,美国几乎处于技术和产业的"双垄断"地位,要在传统的技术路线和产业路径上实施跟踪和超越,难度很大、周期很长,"卡脖子"困局难以破解。但随着摩尔定律正逐渐逼近其物理极限,工艺进步对计算性能的提升近五年大约只有每年3%左右的贡献率,而万物互联的数字世界正在被加速构建,数据量呈现爆炸式指数级增长。与此同时各种非冯·诺依曼创新计算架构不断涌现,计算与处理系统的发展历程,就是体系架构专用极致性与通用灵活性的创新历程,CPU解决了通用计算的灵活计算问题,GPU解决了专用图像计算性能与效能问题,DSP解决了专用信号计算性能与效能问题，NPU 解决了专用网络业务计算的性能与效能问题，各类深度学习芯片解决了不同应用场景专用模式匹配计算的性能与效能问题。随着大数据、物联网、人工智能等技术的加速普及，正在重塑各类计算与处理系统的计算特征，数据密集型成为最显著特征，冯·诺依曼架构的存算分离正成为数据密集时代"能耗墙""性能墙"之主要矛盾，新型计算架构迎来创新发展的黄金十年，产业格局重塑大幕徐徐拉开，集成电路产业正在从技术驱动走向场景驱动，智慧化时代正在加速涌现新的芯片物种，这为我国"转危为机"，提供了换道超车的主要抓手与千载难逢的发展机遇。

因此，着眼中华民族伟大复兴全局、着眼技术革命与产业变革的变局，我们在保持传统路线"补短板"战略的同时，必须"敢于提出新理论、开辟新领域、探索新路径，在独创独有上下功夫"，科学、客观分析我国集成电路的技术与产业优劣势，充分结合我国集成电路的"特色国情"，"拉长板"，聚焦我国新架构、新工艺、新算法等方面的引领突破，进行路线设计，充分释放新型举国体制优势，走出一条有特色、有内涵、有纵深的集成电路换道超车之路。

第 2 章 软件定义晶上系统的提出

2.1 集成电路正迎来发展范式迁移

2.1.1 哲学视角：以"新三论"探究智能涌现之路

要回答微电子未来如何发展的问题，首先要看清信息社会未来的走向。人类社会已经经历了机械化和信息化的发展阶段，随着技术的不断发展，在未来将会实现智能化。在机械化和信息化时代，人们通过使用机器来将自己从体力劳动中解放，而后采用了电子化的手段增强了自己的感知力。在这两者的基础上，未来将会借助人工智能的手段去实现智能化。智能化将极大可能在蒸汽革命、电力革命、信息革命之后引领新一轮的智能化工业革命，引发生产力的极大解放，给全球经济增长带来重大机遇，推进人类社会进入新的变革和发展阶段。然而，我们如何才能从信息时代迈向智能时代呢？是靠当下以深度学习等为代表的大算力、大数据和强算法发展之路吗？从人脑智慧给我们的启迪来看，答案显然不是，应该有一条与人类智慧"功能等价、效能接近"的发展之路。要找寻到这条路径，有必要首先从哲学视角思考一下方法论这个基石问题，可能需要我们首先从习以为常的认知中跳出来，找寻更接近通往智能本质的认知与科学方法论。

20 世纪 40 年代，得益于系统科学领域的发展，相关理论不断得到创新，其中最具有代表性的就是系统论、控制论和信息论。在半个世纪的发展过程中，系统论、控制论和信息论被合称为"老三论"，也称 SCI 论。

系统论主要通过数学建模将事物描述为一个整体或系统，研究整个系统的整体结构和整体行为。这里所说的系统，是指由若干分系统或分部分组合而成的能够实现特定功能的系统整体，其中这些分系统或分部分之间具有一定的相互关系。这种相互关系主要体现为整体与部分、部分与部分、系统与外部之间相互依赖、相互作用和相互制约的关系。目的性、动态性、有序性是系统论的三大基本特征。控制论相较于传统的牛顿力学和拉普拉斯机械论，主要采用统计学的方式对系统的状态、行为和变化趋势做出描述，从而实现对不同系统中通用规律的总结。信息论以概率论和数理统计工具从概率角度研究系统。主要包括信息的获取、整形、处理、传递和控制。信息在系统结构维持和功能实现上至关重要，系统变化的途径主要体现在其对于信息的收集、传输和处理上[50]。信息论指导人类对思维规律和思维活动进行研究，推动人类的认知革命发展[51]。

然而，随着系统理论的进一步发展，新的系统理论学科也应运而生。耗散结构论、协同论、突变论作为 20 世纪 70 年代以来诞生的新理论，得到了极其快速的确立和发展。尽管它们发展的时间很短，但是却成为系统科学领域的新晋翘楚，相比于资深望重的"老三论"，新兴的三门理论被合称为"新三论"，也称为 DSC 论。

耗散结构论主要对耗散结构的微观机理进行研究，针对的对象是非平衡系统，主要基于普利高津"非平衡是有序之源"的判断开展分析。一个系统若想要向有秩序、有组织、多功能的方向进化，则必须有能够处于远离平衡的条件。这种论断与系统论有着相通之处，但更加宽泛。协同论的重大贡献在于论证了自然和社会等各种系统的演化规律，这种规律的实质是系统各个组成部分相互依赖和作用的结果[52]。该理论通过这种规律的探索，一方面成为学科成果之间相互论证的有力依据，另一方面也为人们指明了未来的研究方向。突变理论主要通过描述临界点的系统状态研究非连续突变的多形态的自然结构和社会结构。该理论主要以拓扑学、奇点理论和稳定性数学理论为基础，将耗散结构论、协同论和系统论结合，推动系统理论的发展。突变理论通过对客观世界中的各类系统进行研究，阐明了系统突变式质变的基本方式，并诠释了自组织演化过程中系统突变的普遍意义[53]。突变论蕴含着内外因素辩证统一、渐变与突变辩证统一、确定与随机内在统一及量变与质变转化的有机系统观念，表明了复杂的客观物质世界并非单质点的简单性思维。

"老三论"的发展完成了人类的第一次认知飞跃，通过逻辑、规则和数据表达方式的重塑，建立了包括汽车、轮船以及计算机等可解释、可控制的逻辑系统，让物质世界能够更好地服务于人们的生活，建立了一个能够控制的世界。但是面向大数据、物联网、人工智能等复杂性系统进行探索并建立细线条规则时，就会遇到"老三论"无法解释的问题，需要在复杂系统科学层面进行进一步突破。"新三论"的发展推动了人类的第二次认知飞跃。人们不再把系统看成简单组件的叠加，或者单纯的自顶向下按照系统集成的方法去创建组件功能可理解、相互作用可解释以及系统发展可预测的系统，开始关注系统自组织能力，具备涌现与演进特征的复杂性系统，以新视角理解海量数据、海量联动、自我协同涌现出的世界。可以说，"老三论"使得人们建立一个能够控制的世界，而"新三论"使得人们建立一个充满智能的世界。

本质而言，智能的处理对象应该是知识，其衡量指标应该是智力，主要研究内容包括以恰当的架构、极简的规则、合适的规模支持知识表达、知识传递、知识处理等，形成具备自我协同、自我演进、高效涌现的智能体系。然而，当前阶段我们却在用信息的思维视角去研究和发展智能，处理对象是数据或信息，衡量指标是算力，主要研究内容仍然是信息论范畴的信息获取、加工、处理、传递等。要实现从数据到知识的跃迁、从算力到智力的回归，需要用"新三论"升级科学研究的方法论，这可能是我们通往"智能涌现"的奠基性一步。如图 2-1 所示。

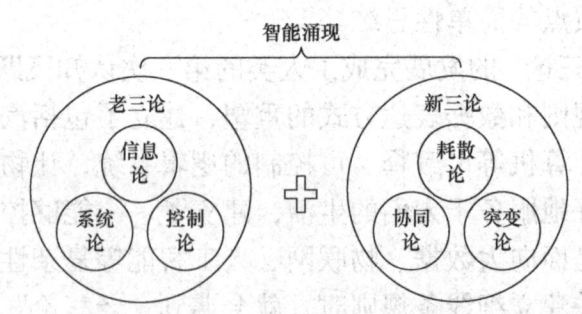

图 2-1 "老三论"+"新三论"="智能涌现"方法论

2.1.2 系统视角：以系统工程学升级工程技术路线

当前，不论是系统设计与集成，还是芯片设计与制造，都呈现弱耦合发展关系，更有甚者，系统与芯片之间几乎是两条独立的工程技术路线。由于缺乏归一化的工程技术路线，导致芯片设计与制造、系统设计与集成、设备开发与应用等垂直环节协同失配。这一方面导致芯片与设备的设计无法"最佳适配"上层系统应用的个性化需求，另一方面也导致裸芯的"原始性能"在系统层面呈现逐级损插，导致了当下云计算、超算、大数据中心等大型信息基础设施所面临的严重"功耗墙""运维墙""性能墙"问题，以及无人机、战场机器人、空基平台等由于功耗、体积和载重受限导致的功能单一、性能低下问题。

在芯片视角，一直遵循"晶圆—划片—封装"的"裸芯封装式"工程技术路线。由于系统对芯片的功能多样性与性能先进性追求永无止境,芯片沿着三个维度快速发展：工艺制程越来越先进，从微米级发展到纳米级；单裸芯面积越来越大，从几平方毫米发展到近千平方毫米；封装的裸芯数量越来越多，从单个到数十个。不仅产生了单核、多核、众核等系列化处理器，还诞生出图形处理器(GPU)、网络处理器(NPU)、信息处理器(IPU)、数据处理器(DPU)等多样化领域专用处理器，直至发展到涵盖传感、传输、存储、计算、交换、控制、交互等广谱化产品的微电子盛世。但芯片在三个维度的发展均已遭遇了天花板，以至于"摩尔定律将死"的声音不绝于耳，并提出了各种"超越摩尔定律"的技术路线。具体而言，在工艺制程维度，随着工艺制程进入 3 纳米、1 纳米乃至亚纳米，量子隧穿效应将使得"电子失控",传统的硅基技术路线遭遇第一道瓶颈;在单裸芯尺寸维度,由于受限于光罩尺寸 858mm² 的面积上限,以及随裸芯面积增大生产良率的快速下降,单个裸芯面积一直在工程水平和经济性间进行折中,且无法突破光罩尺寸上限;在封装维度,虽然当前主流先进封装技术在不断发展,但裸芯规模比较小,散热等一系列问题限制了先进封装所带来的技术增益。

如图 2-2 所示,"裸芯封装式"工程技术路线存在巨大的有关性能进步的鸿沟现象,核心就是工艺特征尺寸缩小大约 3000 倍,而封装特征尺寸由于受限于焊料半径只缩小大约 4 倍[54],从而导致封装严重"衰减"了裸芯对外通信的带宽、时延和能效等核心性能指标。不仅如此,由于封装尺寸与芯片内部的布线尺寸严重失配,导致现芯片的对外接口不得不大量采用 SerDes,以至于 SerDes 能占到芯片面积的 30%[55],占到芯片总功耗的 30%~50%[56],并引入了超过 10 次的延迟[57]。进入 2010 年后,中道封装技

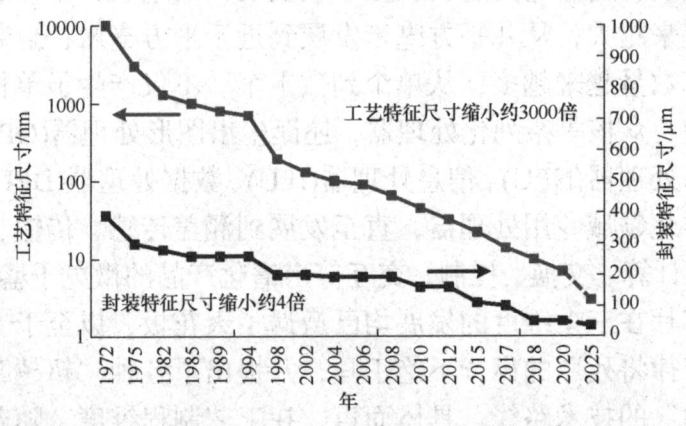

图 2-2 芯片工艺与封装特征尺寸微缩趋势

术出现，例如晶圆级封装(Wafer Level Package，WLP)、硅通孔技术(Through Silicon Via，TSV)、2.5D 硅中介(Interposer)、3D 集成电路(3DIC)、扇出型封装(Fan-Out)等技术的产业化，极大地提升了先进封装技术水平。

多年来，系统集成一直遵循"芯片—模组—机匣—机架—系统"的"逐级堆砌式"工程技术路线。对于一个大规模信息系统，如超算中心、数据中心、边缘计算等，通常包含大量的接口、存储、计算、交换等芯片，而这些芯片按照系统层次化的体系结构，依次堆砌为模组、机匣、机架、系统。模组通常在一个 PCB 子卡上集成多个芯片，芯片之间的通信需要经过管脚和 PCB 走线；机匣通常包含一个或多个板卡，芯片之间的通信需要经过管脚、较长的PCB 走线甚至还有接插件；机架通常包括由电/光背板连接的多个机匣组成，不同机匣之间的芯片通信需要经过管脚、更长的 PCB 走线、接插件、电/光缆；系统通常包括由网络连接的多个机架，不同机架芯片之间的通信需要经过多个管脚、多段 PCB 走线、多个接插件、交换网络和更长的电/光缆。根据芯片内、不同封装时通信链路的带宽、时延和能效对比，随着通信芯片间的半径变长，会呈现带宽下降、时延增加和能效下降，从而呈现出对裸芯"原始性能"的逐级插损，如图 2-3 所示。

本质而言，不同的裸芯之间能够以最高的物理密度进行集成就可以获得最小的"性能插损"，系统所需要的是裸芯的通信、计算、存储等信息处理能力，驱动管脚、PCB 走线、接插件和电/光缆等所增加的能量对性能不产生任何增益，都可以看作是"插损能量"和"插损性能"。2020 年 11

月，TOP500第一名的"富岳"超级计算机的峰值性能达到537.2PFLOPS，但其功耗已达到30MW，如果扩展到E级机，能耗将接近60MW，全年耗电量将达到数亿度，功耗墙将导致用不起。

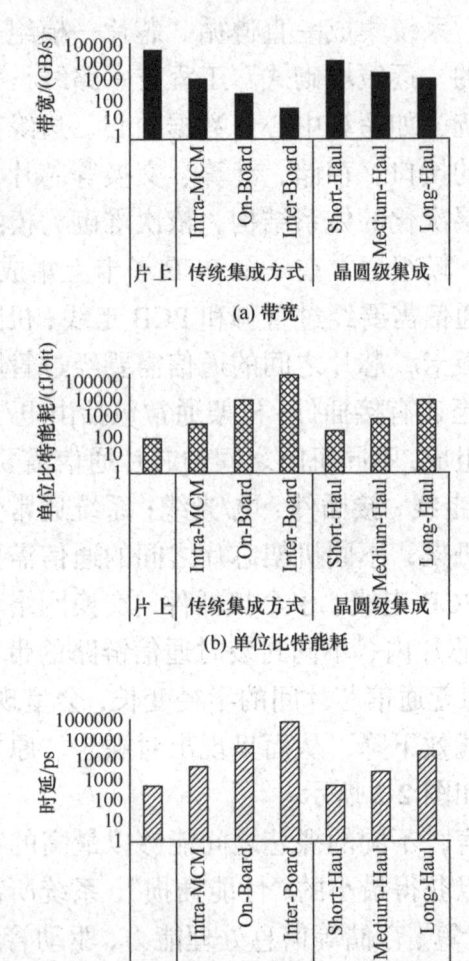

(a) 带宽

(b) 单位比特能耗

(c) 时延

图 2-3　芯片内与不同封装的通信链路带宽、能效与时延对比

从系统视角来看,集成电路(芯片)只是手段,而微电子系统才是目的。就当前集成电路的发展趋势而言,其前道的设计工作和后道的封装工作融合得越来越紧密:从系统层面顶层规划、协同设计、融合制造、一体化集成,甚至实现跨尺度、跨材料、跨工艺、跨维度、跨物理,像设计、加工集成电路一样设计、加工微电子系统,将各种芯片、传感器、元器件、天线、互连线等制作(集成)在一个基板上,对预期设计进行实现,才能在摩尔定律趋于终结的条件下,构建高密度、小型化、强功能、低功耗、低成本、高可靠、易设计、易制作的集成系统。

因此,从系统视角,若能找到"裸芯密度"更高乃至最高的集成方式,就可以打破现有堆砌式工程技术路线的逐级插损困局。

2.1.3 微电子视角:以维度扩展重新定义摩尔定律

Intel 创始人戈登·摩尔于 1965 年发表了题为"将更多组件装入集成电路"的论文,揭示出"芯片上的晶体管密度平均每 18~24 个月翻一番"的摩尔定律,并在过去半个多世纪几乎成为推动整个高科技行业的圭臬。自 1971 年发布 Intel 4004 微处理器起到现在,MOS 晶体管的线性尺寸缩小了约 1000 倍,单个芯片上的晶体管数量增加了约 1500 万倍。然而当栅极长度缩小到 2nm,长度只相当于 10 个原子大小,这个尺度电子的行为将进入量子力学测不准原理的领域,晶体管可靠性将无法保证,同时散热和生产成本控制也是难以逾越。随着芯片的工艺制程向 3nm 和 1nm 迈进,摩尔定律从物理规律、技术方案和实现成本的角度而言变得越来越难以为继，传统的 PPA 指标也在失效[58]。21 世纪初时每年芯片性能的提升幅度基本能够超过 50%，在 2010 年之后缩减为 20%左右，而在 2020 年时已降低至 10%左右。近几年，芯片性能的提升百分比均在个位数，摩尔定律所指出的性能提升显然已经失效；经济性方面，在 2014 年左右，芯片工艺演进至 28nm 时，100 万晶体管的价格大约是 2.7 美分，当演进到 20nm 时，价格反而涨到 2.9 美分，经济性摩尔定律不再有效。

由此可见，摩尔定律的内涵需要得到升级，我们需要从第一性原理的角度出发，重新定义原有的通过二维缩放来获得性能提升的摩尔定律。摩尔定律本质上揭示的是芯片技术持续进步推动人类生产力不断发展的缩影，因此，可以将摩尔定律重新定义为"系统在单位面积、单位功耗与单位成本上功能密度[59](计算/存储/通信等)的持续提升"。思路一变天地阔；扩展后的摩尔定律不仅将适用范围从芯片级拓展到系统级，而且还将工艺制程进步退化为芯片技术进步的手段，而非目的。三维晶体管结构、3D 封装[60]、异质异构集成[61]、创新体系结构[62]等，只要能带来系统级"功能密度"的提升，都是摩尔定律追求的方向。按照系统级摩尔定律，芯片技术会往以下几个方向发展：①晶体管结构由平面型向 3D 立体化的演进。从平面场效应晶体管(Planar FET)发展到鳍式场效应晶体管(FinFET)发展，再到最新的以堆叠纳米片场效应晶体管(Nanosheet FET)[63]和纳米线(Nanowire)为代表的全环绕栅极(Gate All Around, GAA)的新一代晶体管结构，解决芯片上晶体管中电荷泄漏到栅极附近导致开关效率不高的问题，从而提高运算性能并降低功耗。②从强调晶体管密度转向强调功能密度。功能密度是指单位体积内包含的功能单位的数量，而功能单位是指能够完成一定功能的逻辑单元，如算术逻辑单元(ALU)、输入输出控制单元(I/O Control Unit)、CPU、存储器(Memory)等，所以无论是多核、片上存储、高密度互连，还是异构计算加速器，本质上是提升芯片的系统功能密度，晶体管密度不再是摩尔定律的唯一指标，按照功能不同可以归纳为逻辑密度、存储密度和互连密度三个维度[64]，如图 2-4 所示。③二维化扩展转向异构异质集成。

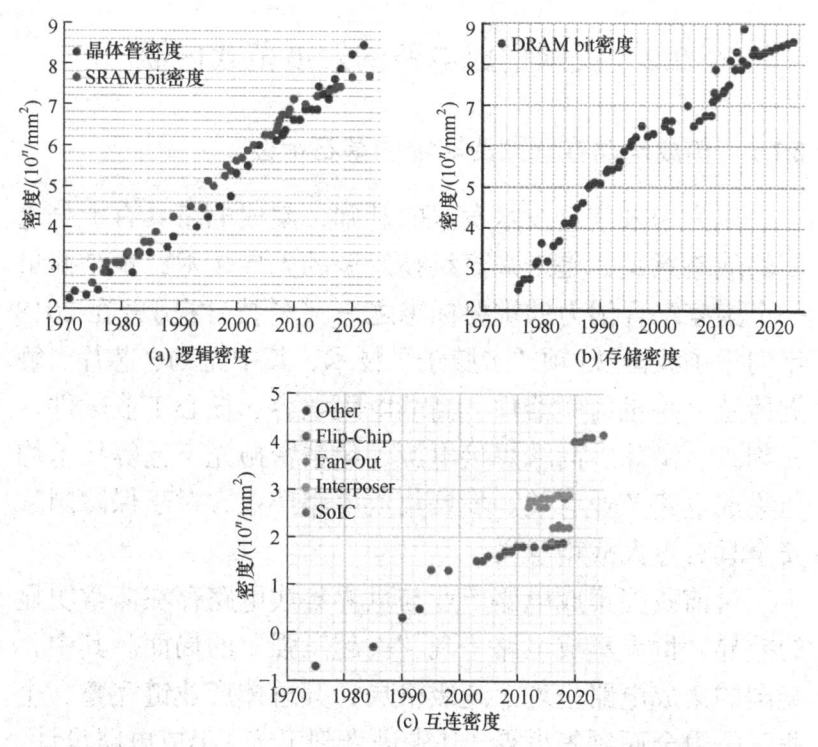

图 2-4　芯片逻辑密度、存储密度和互连密度的发展

芯片将由传统的平面型制造和封装向 2.5D、3D 等先进制造和封装过渡，可将不同尺寸、制程工艺及异质材料的芯粒拼装集成，通过 W2W、D2D 和 D2W 等互连技术，制造出功能更丰富、灵活性更高、功耗更低、性能更高的系统级芯片。④由软硬件配合转向软硬件协同。软硬件现有的分工体系与技术架构会发生迁移，按照"结构适应应用"，软硬件会动态编译演化，实现系统追求目标函数的"最优逼近"，随着软件定义硬件的成熟，各种创新体系结构会加速应用普及，系统能效会大幅提升。

2.2 我国集成电路的发展范式内涵

2.2.1 集成电路在国家战略中的基石地位

作为未来信息技术发展的基础，集成电路具有十分重要的战略意义，是未来高科技发展的先导技术，也是衡量一个国家综合国力的重要标志之一。《科技日报》曾在 2018 年列举了我国 35 项"卡脖子"技术，其中光刻、芯片、触觉传感、手机射频器件、高端电阻电容、核心工业软件、光刻胶、微球、高端焊接电源、超精密抛光工艺等技术均与集成电路产业有关。发展集成电路产业，对于保障国家安全具有重大战略意义。

目前我国集成电路产业与世界集成电路存在非常明显的差异，世界集成电路呈现"一超三强"的局面。其中，美国的集成电路呈现了超级格局，其总体产业链完整、企业竞争力全面领先世界，其先进光刻工艺、集成电路设计、制造设备和 EDA 工具领先最为明显；韩国的集成电路发端于存储器的研发，进而带来了集成电路技术水平的突飞猛进，至今已拓展到代工领域，形成了完整的强大的制造产业链竞争力；中国台湾地区凭借完整的集成电路制造及封装产业链，整体技术居于世界前列，其"专业代工模式"成为中国台湾的核心竞争力；日本与韩国类似，起初依靠以材料见长的相对齐全的半导体产业在世界集成电路中占据重要的位置。目前来看，中国大陆的集成电路处于"一超三强"的第三梯队，因此世界集成电路的"一超三强"的现状决定了我国开展集成电路相关研究的必要性和重要性。

相关研究表明[65]，中国已成为全球规模最大、增速最快的集成电路市场，市场规模不断扩大，保持年均20%以上的增长率，远超全球同期3%~5%的发展增速。经过数十年的发展，我国集成电路产业在应用、整机及系统集成方面取得重大进步，在5G等领域形成引领发展之势。据中国半导体行业协会统计，2019年我国集成电路产业销售收入为7562.3亿元，同比增长15.80%；从产量的角度来看，目前已经超过2000亿块，同比增长已经超过16%。但是，我国集成电路产业自给率偏低、严重依赖进口的状况还未得到根本改变。根据中国海关统计数据，2019年我国纯自研和自制的集成电路占比仍然偏少，大约不到所有产品的三成，并且其进口额度已经超过3000亿美元大关，甚至超过了我国所进口的石油总额。

可以看出，集成电路在我国国家战略中已经处于基石地位，为此2020年8月4日，国务院发布《新时期促进集成电路产业和软件产业高质量发展的若干政策》[66]，把集成电路产业将作为战略新方向，提出了"集成电路产业和软件产业是信息产业的核心，是引领新一轮科技革命和产业变革的关键力量"，从顶层设计到具体推动环节，前所未有地给予重大支持。2020年10月29日，中共十九届五中全会审议通过的《中共中央关于制定国民经济和社会发展第十四个五年规划和二〇三五年远景目标的建议》明确提出，瞄准集成电路等前沿领域，实施一批具有前瞻性、战略性的国家重大科技项目，加快发展新一代信息技术等战略性新兴产业。

2.2.2 探索二流工艺的一流系统发展之路

受美国的技术封锁及国内在集成电路上的技术水平限制，当前中国的集成电路处于想用而不能的状态，先进工艺的使用存在两方面的想用而不能：出于技术限制下的国内想用国外不允许，出于安全考虑的国外能用国内不敢用。

作为集成电路技术与产业后进国家，从整体水平上来看，国内工艺先进性和稳定性都不够，短期内难以满足我国集成电路对高性能的需求，新兴的锗硅技术、晶体管堆叠等尽管能够延续摩尔定律，但短期内依然难以实现，因此国内能用的工艺存在不够用的尴尬局面。

从长远来看，工艺尺寸逼近物理极限，短沟壑效应带来的性能屏障，制造工艺极限带来的光刻设计屏障以及工艺发展带来的成本屏障使得在可见的未来，可用的工艺几近极限，整个集成电路领域可能存在未来想用而无可用的情况。

如何跳出工艺发展限制，探索新的体系架构成为目前我国集成电路必须要解决的难题。在体系结构的探索上，2007 年邬江兴院士团队针对现存问题，提出了高能效比的计算体系架构，成为领域专用软硬件协同设计的开山之作，采用体系结构的创新实现系统性能的整体提升，2017 年 DARPA[67]在电子复兴计划也布局了领域专用 SoC 和软件定义硬件两个项目，意图通过软件定义硬件的方式实现硬件功能乃至芯片功能的重构和扩展；在 ISCA2018 大会上，图灵奖得主 John Hennessy 与 Davide Patterson 发表《计算机体系架构的新黄金时代》演讲，指出体系架构的创新已成为解决摩尔定律发展困局的新思路，并明确指出领域专用软硬件协同计算架构将是其中重要的发展方向之一。鉴于全球科技界、产业界和相关政府部门对体系结构的普遍共识，针对我国制程工艺水平落后的实际现状，邬江兴院士团队从系统论的角度出发，提出"基于二流工艺诞出一流系统"的发展道路，借助换道超车式的体系和工艺协同创新模式，利用系统架构革新带来的性能提升补齐个体带来的优势，采用国内成熟稳定的二流工艺和开发工具，研制出与国际主流产品性能和效能相媲美的装备或系统，且在美国不能对我封锁先进集成电路工艺的条件下，利用国际最先进的微电子工艺获得超一流装备和系统性能。

2.2.3 系统工程科学的"它山之石"启迪

我国著名科学家钱学森在"战略突围"与"换道超车"上给我们留下了系统工程理论与科学的思想和技术瑰宝。钱学森先生的系统工程思想[68]可以为微电子发展困局提供方法论和现实指导，我国集成电路的发展可以不试图追求每个"部件芯片"的性能高低及工艺先进性,而是要站在系统角度,研究系统架构创新带来的连乘增益,基于系统工程科学指导的集成电路设计系统需要将重点放在系统整体的相互作用和相互联系上,复杂性系统的整体功能不是由个体,而是由个体之间的连接关系决定,借助"网络极大化、节点极小化",实现整体大于各部分之和(1+1>2)。按照系统工程思路,可将系统级功能、性能、效能与智能作为预期目标,形成芯片与系统的"分工不分家"发展模式,其本质是站在系统整体的角度对集成电路设计、加工、集成与应用等进行"工程技术路线革命",实现系统级的功能、性能、效能与智能指标的多维度协同最优化。

站在信息系统整体的角度来看,系统工程科学对集成电路设计、加工、封测和应用等具有启示作用,在工艺创新维度,回归到摩尔定律的本质,工艺发展的速度远超过了封装技术的发展,这使得目前影响集成电路系统资源密度提升的主要矛盾集中在封装技术的严重滞后所导致的芯片级资源密度的"一次稀疏"上;此外,当前系统逐级堆砌式的工程技术路线实现了系统级资源密度的"二次稀疏"。这种稀疏使得我们需要按照系统工程理论,从系统整体出发,用对工艺进步弱相关的工程技术路线,将摩尔定律从芯片维度扩展到系统维度,探求系统资源密度的提升方法。

基于系统工程理论带来的"工程技术路线革命",能够实现系统级的"最佳"性能。我国集成电路可以颠覆传统的以工艺创新和资源简单堆积为主要手段的发展思路,从摩尔定律资源密度和价值密度增长的本质出发,提出微电子发展新范式。

2.3 软件定义晶上系统

不论是"人网物"智联时代与数据密集特征对新芯片物种的需求，还是系统与芯片技术产业面临的可持续发展困局，微电子都将迎来一场重大变革与重塑，其意义重大，堪称微电子发展范式的迁移。

微电子主要以工艺制程为主线向前发展，从 LSI 发展到 VLSI，直到今天各种 ASIC 和 SoC，尤其是 SoC，代表着芯片设计进入 IP 复用和软硬件协同设计的新阶段，并驱动微电子技术与产业高速发展。如前节所述，当前以 SoC 为代表的微电子发展遇到了综合瓶颈，本小节跳出狭义的微电子范畴，从微电子承载的智能功能本质展开论证，在凝练智能时代典型特征的基础上，提出对微电子的基本需求，以及微电子必须发生哪些颠覆性变革才能适应和满足，从而在思维视角、方法论和工程规范层面定义出微电子的新发展范式。

2.3.1 思维视角的升级

所谓思维视角就是指导微电子发展的世界观，微电子被称为现代信息社会的基石，感知、传输、计算、存储、控制、交互等功能都可以在微电子上承载，当今信息时代，指导微电子发展的底层第一性定律是香农定律、冯·诺依曼架构和摩尔定律，从而发展出我们当下的微电子盛世，也衍生出一系列在当前定律下无法逾越的矛盾。

香农定律定义了熵，推导出了信道容量与编码速率的表达式，从而导出了无损压缩、信道传输和有损压缩的三个通信领域的极限。目前，这三条极限逐步被逼近，留给人们进一步提升的空间已经不多。冯·诺依曼架构实现了所有可计算问题的物理实现表达，将计算机分解为运算器、控制器、存储器、输入设备、输出设备五个基本组成部分，其基本原理是存储程序控制，通过将程序编码存储在存储器中，实现了可编程的计算以及硬件设计和程序设计的分离，并将程序从硬件实现转换为软件实现，目前这种存算分离架构在保持极大灵活性的同时，日益在数据密集计算任务中凸显出其能效问题。摩尔定律如前节所述，给出了微电子发展的速度遵循，驱动着人类在性能、功耗和面积维度不断提升微电子指标，但当前晶体管数目的增长曲线越来越慢，摩尔定律逐步趋向于终结，而物联时代的数据规模又在指数级增长，摩尔定律的"失速"与计算需求的"飞速"剪刀差矛盾越来越突出。

如何体系化突破微电子在底层定律面临的诸多矛盾呢？需要用一种新的更接近智能本质的"第一性原理"[69]指导微电子发展。人类在科学认知上存在很多断层，诸如宇宙的起源？生命的诞生？智能的本质？意识的产生？尤其生命和智能，吸引无数科学家趋之若鹜，上面论及的信息论和冯·诺依曼架构，与其说是信息处理技术，不如说是香农和冯·诺依曼对生命与智能的信息科学视角解读与表达。薛定谔也在香农的基础上开启了伟大生命本质的探索，在其著作《生命是什么？》[70]中指出，在封闭的物理系统中，熵随着时间的推移而增加，而在生命系统中，随着时间的推移，秩序和复杂性在增加，得出了"生命以负熵为食"的信息视角认知。相比于生命，智能更加神奇与奥妙，时至今日，人类依然无法回答智能涌现的主体是什么？智能的本质是什么？无论是符号主义、连接主义，还是行为主义，都无法通往通用智能，依靠大算力、大数据和强算法，仅在语音识别、自动翻译、围棋比赛等领域实现了高出人类个体的专用智能，却以高出人类大脑成千上万倍的功耗为代价，是一条"非第一性"的不可持续发展路线。究其本质而言，人类在用信息思维视角，而非智能思维视角来思考、设计与应用，企图用算力来逼近甚至代替智力，但算力机制与智力机制在底层存在根本差异，如人脑神经元850亿个，神经突触(连接)高达100万亿，每个神经元都有成千上万规模的连接，诺贝尔生理学或医学奖得主Eric研究指出，人类的记忆是神经元连接关系的重构，本质上记忆就是结构，现在人类最先进的高性能计算，其连接复杂度也仅仅达到六维，远低于神经网络的密度；神经元放电依赖钠钾钙离子通道的开闭，其放电频率大约只有每秒400次，而计算机物理元件的放电频率可高达每秒40亿次，这可能是能耗居高不下的关键；从概率的角度来看，神经元之间的信号传递是一个概率较低的过程。受到化学电位的影响，神经递质激发后释放的概率大约只有30%，而计算机结构的信息传递是100%确定的。如果上述智能的底层机制无法取得突破，等待人工智能的可能是"第四次低潮"。在搞清楚"智能动力学"之前，或许基于人脑微观和宏观认知的"功能等价"更能带来思维视角的启迪，人脑作为一个复杂性巨系统，每天都在吸收外界的"负熵"，每天又在演化着内部的"结构"，既推动着个体智能的螺旋发展，也奠定了群体智能的前进根基。如果说信息论、冯·诺依曼架构和摩尔定律指导了当今的"数据和算力驱动"时代，那么智能时代，需要基于"新三论"定义新的"第一性定律"，我们认为代表更高抽象维度的"知识论"、与人脑工作机制等价的感传存算融合"神经拟态架构"以及"系统摩尔定律"应该更能通往智能涌现。如图 2-5 所示。

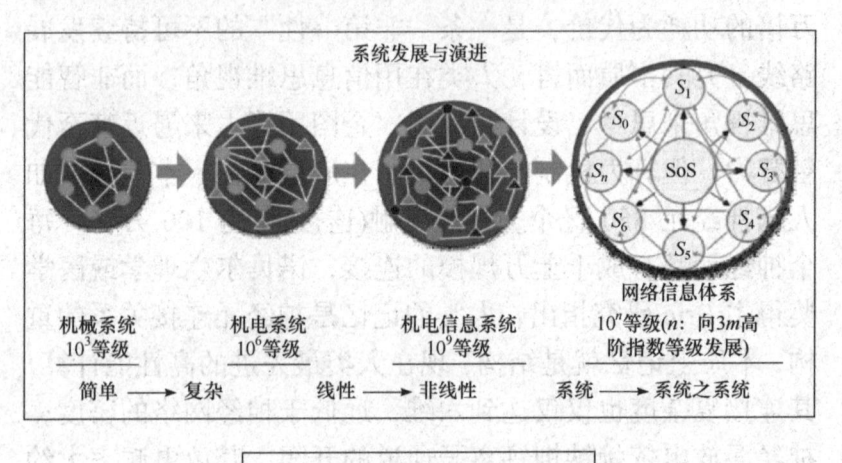

图 2-5　系统与思维视角的升级与演进

2.3.2　方法论的迁移

由前节分析可知，微电子与设备系统产业的分家、芯片设计与芯片制造产业的分家，既成就了当今伟大的信息时代，也是我们迈入智能时代的"拦路虎"，智能时代的技术与产业特征将发生重大变化，也必将颠覆原有的技术基础与产业分工。现有微电子长期定位在"功能部件"层次，按照通信、计算、处理、网络等系统需求，出现了计算芯片、存储芯片、接口芯片、通信芯片、处理芯片等品种，系统设计则基于 COTS 芯片进行集成，随着数据规模指数级增长，垂直行业性能极致化要求，无人平台功能多样化需求，给现有 SoC 的芯片技术路线带来空前的发展压力，越来越先进的工艺制程和越来越大的芯片尺寸，带来的后果是芯片研发周期越来越长、研发投入越来越大，甚至 3nm 的代工厂全球只有少数几家公司才能投得起。

钱学森先生的系统工程思想可以为微电子发展困局找到方法论的金钥匙，那就是不试图追求每个"部件芯片"的最优，而是站在系统角度，从整体上研究和解决问题，重点放在系统整体相互作用、相互联系上，复杂性系统的整体功能不是由个体，而是由个体之间的连接关系决定，借助"网络极大化、节点极小化"，实现整体大于各部分之和(1+1＞2)，弱耦合应用、算法、架构等要素，达到联合协同优化的目的，如图 2-6 所示。

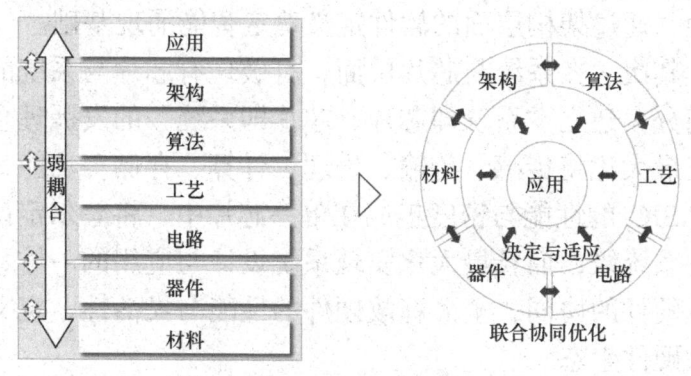

图 2-6 应用级系统指标驱动的复杂系统方法论

2.3.3 工程实践的指导

按照新的思维视角和方法论，微电子的工程规范也将迎来全新的变化，如图 2-7 所示。

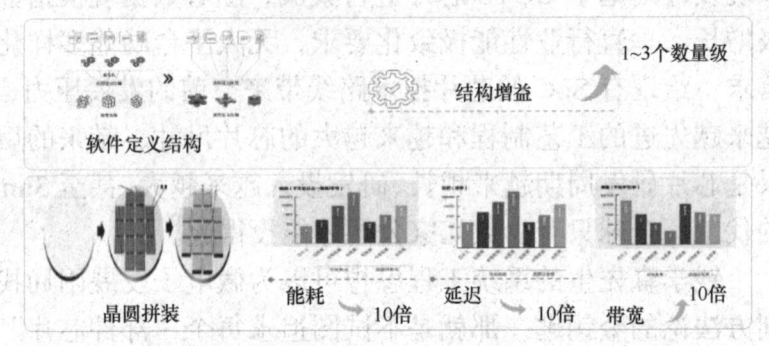

图 2-7 结构与工艺联合迭代创新的工程技术路线

首先，在系统架构层面，将走出确定架构的藩篱，迈向"系统之系统"的架构设计，通过"系统之系统"的开放性与可编程性，不仅能够实现面向领域的高效能、高性能与高灵活，而且还可以实现"记忆在结构中"和"通过结构学习演进"，从而实现"应用越多样芯片越智能"的"芯"物种，通过架构层面的软件定义奠定智能涌现基础。

其次，在系统与芯片层面，打破现有芯片与系统的层次划分，建立"系统即芯片、芯片即系统"的发展理念，不仅最大化将传感、传输、处理、计算、存储等功能，以类 ASIC 的性能与密度集成在单一芯片中，将摩尔定律拓展到系统级，而且最大化实现系统设计与应用的一体、软件与硬件的协同，全面释放硬件的性能与灵活性，定义新的软硬件生态。

最后，在工艺集成层面，将走出单一工艺制程、单一材质和平面扩展的禁锢，追求不同工艺节点、不同材质的"芯粒"按照类 ASIC 的"密度与性能"进行工艺集成。

2.3.4 微电子新发展范式：软件定义晶上系统

通过颠覆当前系统堆砌工程技术路线、打破 SoC 边界条件束缚，将刚性结构升级为软件定义结构，将软硬件分离提升为软硬件协同，将 IP 复用提升至芯粒复用，将 2.5D/3D 封装升级至晶圆级集成，将单一工艺拓展至多种工艺，将硅基材料拓展至多种异质材料，并天然融合各种各样的先进"感、传、存、算"技术，提出软件定义晶上系统(SDSoW)[71]，结构如图 2-8 所示，实现了软件定义体系结构赋能集成电路设计和应用全流程。借助预制件集成和晶圆级设计等新型思路，软件定义晶上系统可颠覆现有微电子的设计方法、工作范式、集成方式等技术路线，形成以应用场景垂直整合、随阅历数据自我演化的新一代智能微电子设计、工艺和应用技术。

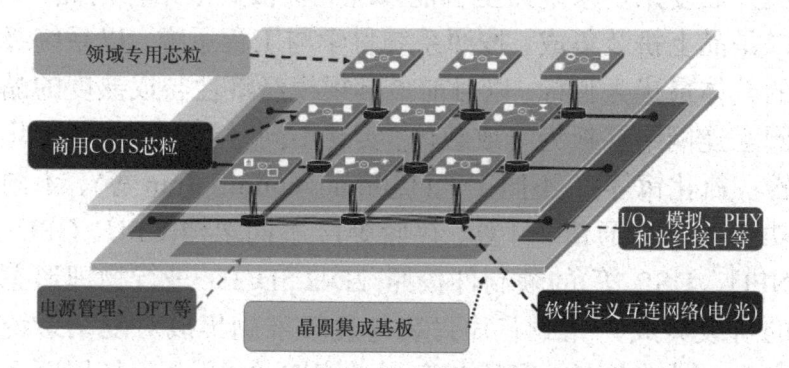

图 2-8　软件定义晶上系统示意图

第 3 章 软件定义晶上系统的内涵与关键技术

3.1 软件定义晶上系统的内涵

SDSoW 包含两个层面技术内涵：第一是软件定义体系结构，以软硬件协同为技术路线，以高性能、高效能和高灵活为技术目标，将软件定义互连和软件定义节点作为核心特征，通过分析领域应用计算/存储/互连特征，提取基于领域内应用特征的基础算核集合，设计领域专用的软硬件协同系统架构及其实现结构，使得系统既有领域内的灵活性，又有媲美专用系统的高性能与高效能，并天然匹配开放复杂性系统乃至智能系统的灵活高效结构内涵；第二是晶上拼装集成，按照系统科学与工程思维，以系统级的整体最优为目标，以目前最具规模经济性与成熟度的晶圆互连网络基板为集成载体，实现不同材料(氧化硅、砷化镓、氮化镓等)、不同工艺(130nm、65nm、7nm 等)、不同功能(传感、通信、计算、存储等)、不同架构(CPU、GPU、NPU、DSP 等)的预制件按照 2D/2.5D/3D 进行物理形态的拼装集成，克服芯片封装与逐级堆砌集成对复杂系统带来的性能损耗，将摩尔定律微缩增益"无损"拓展至系统维度，使得系统整体性能不再单纯依赖于部件级的指标先进性。

在指标体系理念上，SDSoW 以面向领域的解算密度与能效为设计目标，在体系结构层面通过软硬件协同而非分工实现性能、效能与灵活性的综合提升，摆脱了单纯追求计算能力、存储容量和通信带宽的"刚性结构、低效解算"模式禁锢，探索出一条通过体系结构创新提升系统性能、效能与灵活性的发展之路，长远来看，是系统硬件与软件的设计理念、工作模式、产业形态等再定义。

在系统设计理念上，SDSoW 从系统全局出发，追求系统级而非部件级的信息处理密度提升，改变了现有"晶圆—芯片—模组—机匣—机架—子系统—系统"的逐级堆砌式工程技术路线，开启了"预制件—拼装集成"的"无插损"拼装集成工程技术路线，不仅可借助系统工程学，全面释放预制件的性能，使得基于二流部件构建一流系统成为可能，而且会改变系统集成与制造加工的产业布局，带动产业优化重组与高质量升级。如图 3-1 所示，SDSoW 具有多重内涵。

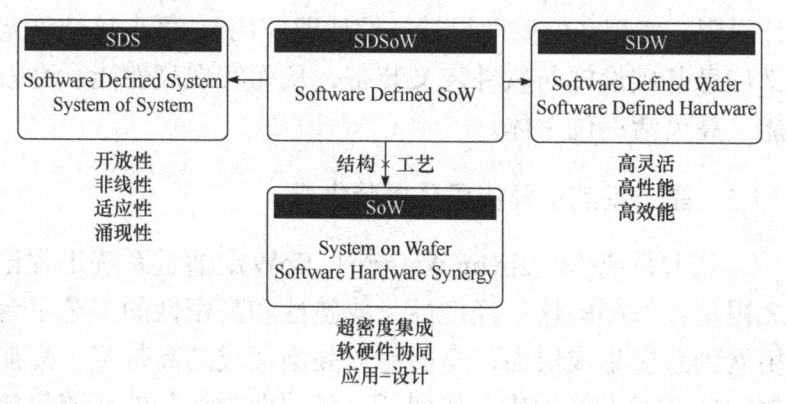

SDS Software Defined System System of System	SDSoW Software Defined SoW	SDW Software Defined Wafer Software Defined Hardware
开放性 非线性 适应性 涌现性	结构+工艺 **SoW** System on Wafer Software Hardware Synergy 超密度集成 软硬件协同 应用=设计	高灵活 高性能 高效能

图 3-1　SDSoW 技术内涵

3.1.1 软件定义系统：系统之系统

软件定义系统(Software Defined System，SDS)，即是"系统之系统"，具备复杂性系统之共性基因，为整体性、开放性、非线性、适应性、涌现性、重构性和多尺度性等奠定基础，基于混沌学习，可以平衡到不同耗散结构的有序状态，并可通过与外界的信息与能量交互实现自我演化。这一点不仅与智能底层机理相通，而且可基于当前技术，通过软件定义，实现面向领域的灵活性，在系统层面代表着一条"领域专用软硬件协同"的发展之路。

3.1.2 软件定义晶圆：软件定义硬件

软件定义晶圆(Software Defined Wafer，SDW)，实现了硬件资源的可重构和灵活重组，将软件定义下沉到硬件资源的"物理层"，其核心目标是通过"结构适应应用"获取效能倍增优势[72]，既实现了应用、算法、结构、电路、器件、工艺、材料联合迭代创新，也打破了系统的应用和设计界限，实现"应用即设计、设计即应用"，可支持软件定义信息基础设施与软件定义装备，从而实现高性能、高效能、高灵活三位一体。

3.1.3 晶上系统：异构异质拼装集成

晶上系统(System on Wafer[73]，SoW)，通过系统工程论之视角，将晶圆这一经济性、成熟性和高密性的工艺平台拓展到系统集成层面，全面释放晶圆集成的高带宽、高能效和低延迟天然优势，找到了一条"低损耗"的系统集成工程技术路线，从追求微电子技术进步升级为追求系统级功能、性能与效能的目标实现，为当前系统需求与微电子进步的失配困局找到可行出路。

3.1.4 软件定义晶上系统：结构与工艺联合迭代创新

软件定义晶上系统从系统构造与系统工程两个视角天然融合了集成工艺与体系架构双重创新，实现了晶圆集成的高性能与高效能、软件定义的高灵活与高可用、拼装集成的低成本与短周期等优势，开辟了集成电路从片上系统跃升到晶上系统的新时代。

3.2 软件定义晶上系统的关键技术

3.2.1 领域专用软硬件协同计算架构

结构决定性能、结构决定效能、结构决定安全，在领域专用软硬件协同计算时代，基于 SDSoW 的系统体系结构设计和创新尤为关键，体系结构的优劣可直接决定系统的灵活性和效能乃至安全性，也是 SDSoW 设计层面最大的技术挑战。对于 SDSoW 系统，由于异构化资源的方便集成和极大丰富，为软硬件协同计算提供了丰富的处理资源和广泛的动态重构基础，由于结构变化增益随可变资源规模成正比，SDSoW 可以最大化地释放结构创新带来的综合效益红利。架构设计在 SDSoW 中的地位举足轻重，甚至占到 SDSoW 设计中超过 50%的工作量，按照图灵奖得主 David Patterson 的预测，未来十年是"领域专用软硬件协同计算架构"的黄金十年，面向金融、能源、交通、电力、电信等不同行业领域，需要凝练梳理行业应用需求边界，为实现领域内应用的弹性可塑性与智能涌现性，在系统层面深入研究体系架构，引入分形、自组织、突变、涌现等技术思想，重新定义现有"计算、传输、通信与存储"分离的架构范式，提出不同行业领域"系统之系统"的体系结构，需要研究晶上系统应用特征分析技术、晶上系统架构设计空间探索、软硬件协同晶上系统任务映射技术、面向应用需求的算粒模型抽象技术等关键技术。

1) 晶上系统应用特征分析技术

研究面向计算应用领域的基础算粒提取和应用——算粒映射算法。基于能效最高、性能最优、安全性最高、鲁棒性最强、资源最少、资源利用率最高、灵活性最高等多元目标函数，建立合理的计算模型实现最优的算粒的提取与映射；研究基础算粒到异构预制件之间的映射方法。综合考虑基础算粒的特点与异构器件的特征，建立量化评估模型，通过反复迭代实现基础算粒向合适的预制件优化映射，提升整体性能与效能。同时在基础算粒向预制件映射的基础上，以应用处理的高效性、处理结构重构灵活性为目标，研究基础算粒在异构资源上并行化、流水化实现方法。

行业应用特征分析是深入理解行业需求的基础，通过划分需求类型、挖掘需求特征，可以将行业应用的功能抽象为若干特定功能元结构，包括计算功能元、通信功能元、存储功能元等。通过对同类功能元结构的组合可获得性能的扩展，通过不同类功能元结构的组合可获得功能的扩展。特定行业应用的功能可描述为若干类功能元结构集合的特定表达。上述功能元结构即算粒。应用特征分析技术是算粒的提取、应用到算粒的映射等技术的基础。

对应用特征的分析有计算特征分析、存储特征分析、通信特征分析等。

计算服务通常是基于通用的 CPU 架构，通用处理器一般采用指令加数据的工作方式，由于对应用数量需求的不断增加，在有限的寄存器和缓存(Cache)资源下，执行一次处理需要进行多次的访存和数据交换。部分 CPU 结构通过引入更大的缓存进行了优化以提升 CPU 工作效率，但是在进行高位宽的移位和多精度的加法操作时，均存在困难。在一些特定领域，如 OpenSSL 等应用为了提升 CPU 工作效率仍然需要进行流水线化的粗粒度加工处理。由于计算服务的各服务具有独立性的特点，所以很多计算对象数据具有非结构化和非相关化的属性。从而导致 CPU 片上 Cache 利用率低，在处理模式方面，计算服务相对固定，在没有复杂的计算程序时，可以不用复杂指令集来进行处理。

存储数据方面总体可分为两大类：

(1) 服务数据：服务数据由各种对象及其相关描述数据(例如包头)共同组成。服务型数据的访问特点是数据具有突发性和连贯性，不同用户访问的对象具有随机性。

(2) 控制数据：控制数据是一种管理数据，具体包括：连接数据和会话数据等。控制数据的特点是访问管理对象多，访问数据量小以及访问位置不连续等。

为完成可靠通信，通信通常依赖协议。不同协议的侧重面不同，有的协议需要维持高可靠性，要确认与重发。有的协议需要高信任度的流控机制来确保连接的完整性。除非确认接收缓存的剩余空间充足，否则不会传送数据。

2) 晶上系统架构设计空间探索

晶上系统架构设计空间探索的目标是：在有限的晶圆资源下，以最小的面积、功耗、时间完成任务的执行。采用软硬件协同晶上系统优化算法对晶上系统平台设计中所存在的设计空间探索问题进行解构，主要包括任务的分解、PE 映射、晶上资源映射等，优化内容不仅包含任务的执行时间，还包含执行功耗。在晶上系统中，任务在不同分配位置上的运行功耗和所需时间是不同的，因此任务在晶上系统的节点分配及其位置映射共同影响晶上系统的性能指标。为了获得全局最优解，需要并行处理这两个问题。

解决这两个问题的核心思想是：首先进行任务分解，然后根据任务的计算属性进行处理单元(Processing Element，PE)的映射，把可用 PE 集合(Available PE Set，APS)看作是可传递的，使每个节点具有执行某些任务对应的时间和能耗等属性，如图 3-2 所示。在任务的 PE 映射过程中，需要考虑各节点的任务均衡。负荷较大的任务可使用多个 PE 并行处理，加快关键核心任务的执行速度。完成 PE 映射和任务均衡之后，整个任务的节点已经确定，然后根据各节点的关联性进行晶上资源的位置映射。由于晶上面积资源有限，且相邻位置具有较大的互连带宽和较小互连延迟，因此可将与其他节点关联性最大的节点放置在晶圆的中间位置。节点位置的选择以任务执行所需最小时间和功耗为优先考虑因素，随着持续的任务分配，其 APS 信息会传递给目标节点，网络节点的 APS 将会不断缩小，直至最终状态，以此来获得晶上系统架构设计全局化最优解。

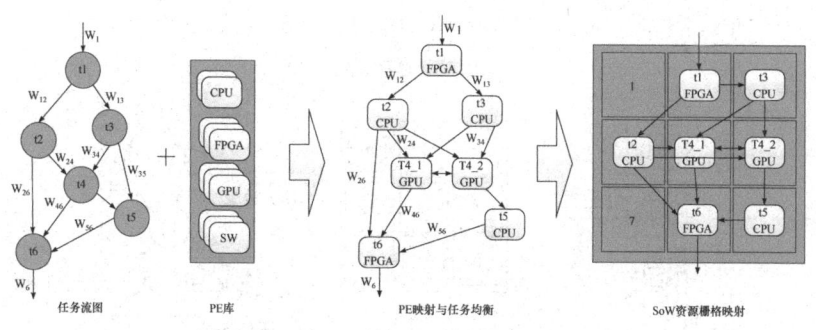

图 3-2　晶上系统设计空间探索方法

3) 软硬件协同晶上系统任务映射

考虑到晶上系统制造一般以长方形的光罩尺寸为单位进行布局，就像以栅格为单位进行资源的部署和增加，利用晶上系统资源栅格可以极大简化应用的映射，同时为晶上系统的整体优化设计提供了更多的可行性选择，但是由于其特殊属性造成设计过程中所产生的问题较多，且相互之间关联性较强。这些分属于软件和硬件范畴的问题属于 NP 完全问题，将重点探索一种启发式的软硬件协同晶上系统架构设计空间探索方法，来求解晶上系统架构设计过程中所出现的综合优化问题。

图 3-3 所示的是基于"资源栅格"的晶上系统软硬件协同结构。可以看到，目标应用采用通信任务图的方式进行功能化描述，计算单元采用 PE 库进行描述。

PE 映射负责将不同 PE 映射到网络中的适配节点上；任务分配负责将任务分配到合适的 PE 上；任务调度负责根据实际情况确定各级任务的执行次序；路由路径分配负责将路由路径分配给发起互连请求的处理单位。由于这四个过程具有强相关性，因此需要采用软硬件协同的综合优

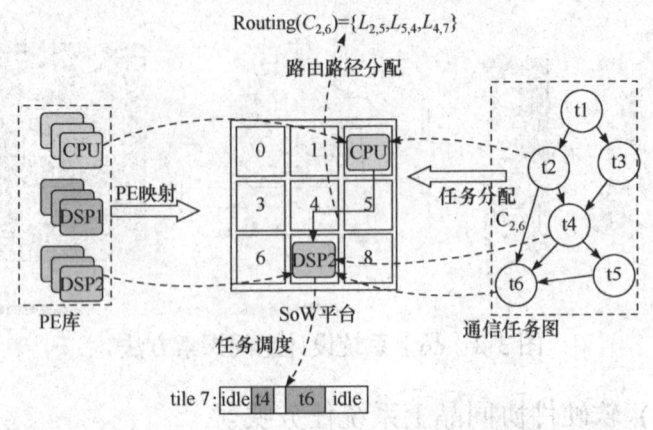

图 3-3　基于"资源栅格"的晶上系统软硬件协同结构

化算法,在满足性能约束条件下对它们的设计空间进行探索和优化。

晶上系统的预制件和互连通信需要解决的问题是将任务图和 PE 库在晶上系统进行分配和映射。同样可以细分为如下四个过程:PE 映射、任务分配、任务调度及路由路径分配。

PE 映射主要分为动态映射和静态映射。在传统的大数据应用中,一般使用动态映射,也就是不将任务绑定在特定的节点或设备上执行,任务需要在哪个节点或设备上执行,就由调度器选择一个最合适的节点或设备去执行。但在深度学习系统中,一般采用静态的映射策略,也就是任务在哪个机器或设备上执行都是提前设置好的。

4) 面向应用需求的算粒模型抽象技术

算粒是以不同的细粒度对计算结构与流程的模块化与分层化抽象与建模,是具有独立性以及可变性的计算、存储或互连模块。将运算处理过程算粒化是一种抽象运算处理方法，通过将一个或者多个运算处理任务特征化和模型化，可以对处理部件和模型进行抽象、归纳并提取。算粒化则是体系结构、算法模型和处理流程的总结和抽象的过程。

经过算粒化后形成的算粒是对整体结构和处理流程的层次化表示。在进行一些特定领域的处理和运算任务时，工作效率显著提高。高层次的算粒具有流程处理高效、简化的特点，低层次的算粒体具有流程处理灵活、多变的特点。

根据算粒定义，根据不同的应用特征，归纳算粒的如下特点：

(1) 独立性

算粒是一个与具体实现形式无关的独立概念，是在完成某计算或处理任务算法的基础上所提炼出来的，具有一定的独立性。

(2) 多粒度、可变粒度

算粒是从计算序列中提取出的一种计算单元，由于不同的应用的计算任务具有较大差异性，算粒具有多计算尺度和高可变性。

(3) 普适性

算粒是计算序列的抽象描述，算粒的提取和构建过程首先以具体应用为驱动方式，构建多维运算模型，综合多个实际运算模型，构建可重构的均衡计算模型，从而指导多维深度的可重构运算系统的实现。

提取、归纳基础算粒，形成面向大规模领域应用的算粒集，是实现晶上系统设计建模和原型验证的有效途径。

在已经提取出基础算粒集后，需要对重构代价进行细致化衡量，例如下文关于基础算粒集的构建过程：

设目标算法集 $S = \{S_1, S_2, \cdots, S_N\}$，$i = 1, 2, \cdots, N$。候选算粒记为 BC_i，则候选算粒集：

$$BC = \{b_1 \times BC_1\} \cup \{b_2 \times BC_2\} \cup \cdots \cup \{b_N \times BC_N\}$$

b_i 对应 BC_i 的数量。

具体参数以及定义如下：

(1) 资源使用量：指算粒集 BC、算法集 S 所使用的资源量，分别用 rh, rs 表示。

(2) 资源使用率。指 S_i 的资源使用量和总体资源的比值，记为 Pr_i。

(3) 预期算法数。指预期算法集中的算法数量，记为 a，算法 S_i 的数量记为 a_i，

$$\sum a_i = 1 (i = 1, 2, \cdots, n)$$

(4) 资源使用率阈值。指算法 S_i 的最少使用的资源量，记为 Pt。

(5) 重构开销函数。指根据算粒所重构出的算法所需开销。算法或基础算粒集 S_i 的重构开销函数记为 F_i，基础算粒集的重构开销函数记为 H。

(6) 算粒集资源计量函数。

具体模型构建流程如下：

(a) 设算法 S_i 由基础算粒集中的一个子集组成，记为

$$S_i = \{c_1 \times BC_1\} \cup \{c_2 \times BC_2\} \cup \cdots \cup \{c_l \times BC_l\}$$

其中，$C_i \leqslant b_i, i = 1, 2, \cdots, l$

则：$rS_i = F_i(c_1 \cdot rb_1, c_2 \cdot rb_2, \cdots, c_l \cdot rb_l,)$, $i = 1, 2, \cdots, n$

(b) 基础算粒集 BC 的资源数为：

$$rh = G(b_1 \cdot rb_1, b_2 \cdot rb_2, \cdots, b_i \cdot rb_i)$$

(c) 算法集 S 平均占用的资源数量：

$$rs = \sum_{i=1}^{n} a_i rS_i, \qquad \sum a_i = 1$$

S 的资源使用率：

$$\text{Pr}_i = \frac{rs_i}{rh}$$

S 的平均资源使用率：

$$\text{Pr} = \frac{rs}{rh}$$

目标函数：

$$\text{MaxPr} = \frac{\sum a_i \left(F_i(C_1 \cdot rb_1, C_2 \cdot rb_2, \cdots, C_l \cdot rb_l,)\right)}{G(b_1 \cdot rb_1, b_2 \cdot rb_2, \cdots, b_l \cdot rb_l,)}$$

约束条件：

$$\sum a_i = 1, \quad C_i \leqslant b_i, i = 1, 2, \cdots, l, \quad \text{Pr}_i \geqslant \text{Pt}$$

求解基础算粒集的算法是一个迭代过程，从各应用所需算粒集的简单并集出发，调整算粒集合，使算粒利用率的方差最小。

软硬件协同设计是一种结合软件和硬件性能进行的综合设计方法。硬件加速器如 FPGA、DSP 和 CPU 上的软件相结合，可以在提升处理速度的同时保持较好的灵活性。

晶上系统为了应对不同的应用，可以根据需求集成多种异构执行单元和控制单元，包括通用 CPU 以及一些专用的处理单元，如 DSP、FPGA、GPU 等。在 SoW 上进行软硬件协同设计不仅可以提升软件的灵活性，而且能提升复杂高性能算法的计算速度，但是这也对设计开发人员提出了更高的要求，除了需要具备软件和硬件的相关开发设计能力，同时还要具备软硬件协同处理的设计理念。

在传统的 SoC 系统设计中，软件设计人员和硬件设计人员通常具有明确的分工和不同的功能需求指标，在进行一个系统设计时，首先由硬件工程师完成硬件电路的基本板卡设计；随后在此基础上由软件工程师用高级编程语言如 C/C++ 等进行相关软件功能的研发。由于软件和硬件所面向的功能需求不同且相对独立，在设计过程中如果没有系统的设计流程安排和充分的沟通交流，则很难设计出符合需求且功能完备的系统，甚至可能使最终系统偏离原始设计预期规划。并且传统设计方法在软件和硬件衔接部分具有较大的异构性，一旦硬件设计发生改动，往往软件部分也要根据实际功能需求做出相应修改。因此，传统的软硬件协同设计方法需要不断地更新和重构，将导致研发成本和资源成本的高昂开销。

3.2.2 软件定义晶上互连网络

人脑智能的启迪是"记忆的本质是神经元连接关系的重组"[74,75]，复杂性系统的启迪是"连接关系在系统中拥有更重要的地位"[76]。在 SDSoW 中，一个高密度、强可塑的晶上互连网络对晶上系统的功能、性能和效能同样更加重要。晶上互连网络不仅要实现远超现有连接网络的高密度、大规模，而且还要实现高灵活、强可塑，基于软件定义互连的晶上互连网络能很好满足上述特征，软件定义互连可以实现协议、端口、速率、带宽利用率、协议转换、交换模式等灵活定义[77]，为晶上系统灵活互连异构芯粒提供了强大开放性，同时能够敏捷适应各种工作流程。需要特别指出的是，尽管采用软件定义互连，也不可能用一套互连标准支持所有类型的芯粒互连，可能需要多种互连标准来满足多样化芯粒的互连需求。需要研究互连接口物理与逻辑标准、软件定义互连网络(拓扑结构、路由与拥塞控制、资源管理调度、微路由器体系结构以及可测性设计等)等关键技术[78]。

(1) 互连接口物理与逻辑标准

针对晶上网络芯粒互连系统中短距离、低功耗、低延迟、高带宽的传输需求，需对芯粒间互连接口的协议层和物理层进行软件定义化设计，研究支持计算、存储等异构芯粒多种通信需求的芯粒间互连接口规范[79, 80]。

协议层接口层面，需针对芯粒互连系统架构中数据信号和控制信号的传输特性，对芯粒间的高效传输协议进行软件定义化设计，具体包括事务层、数据链路层、物理适配层的软件定义化设计，各个层级的软件定义化设计涵盖层次化存储一致性、流控机制、异构协议融合的统一协议处理、基于统一数据格式封装的软件定义协议映射等内容。另外，需要设计一种兼具通用性与专用性的信号传输协议，作为发送端将数据和控制信号封装为报文的统一格式，从而保证芯粒互连传输对信号的透明性，并保证信号语义在封装前与解封后的一致性。协议设计过程中，需通过模拟芯粒间的互连传输过程对信号传输协议的效率进行分析评估，保证信号传输过程中的高效性和高可靠性。

物理层接口层面，需针对支持晶圆级超短距、中短距等不同芯粒互连距离以及支持计算、存储、互连等多种芯粒通信协议的需求，研究软件定义高速串行物理层接口电路设计技术、软件定义高速并行物理层接口电路设计技术，为芯粒连接提供跨工艺、跨封装的解决方案，满足多芯粒互连的高密度、低功耗、低延迟等综合需求；针对高速、高带宽、低延时、低功耗要求，还需要研究存储器并行物理层接口技术；另外，为实现高密度微凸点前道硅中介层制备工艺的开发，需研究高深宽比 TSV 工艺，以及多层金属互连工艺。

(2) 软件定义互连网络

针对软件定义晶上系统特点和集成工艺要求，需要以软件定义互连技术为基础，开展软件定义晶上网络拓扑结构、路由算法、资源管理调度、微路由器体系结构以及可测性设计等关键技术研究，突破晶圆互连网络集成的物理局限性，构建高带宽、高灵活、低延迟、低功耗的晶上互连网络[81]。

拓扑结构方面，传统的刚性网络拓扑结构难以满足不同系统应用场景的网络通信需求，需要从系统层面赋予晶上互连网络软件可以定义的属性，将晶上系统从刚性结构系统变成结构能够自适应需求的系统。刚性结构虽然在成本上具有优势，但是刚性结构系统的灵活性和可扩展性较差，随着应用场景的变化，刚性结构效能会大打折扣，或者被提前淘汰，从而导致用户的总拥有成本反而上升。结构自适应系统则可以灵活适配应用变化，根据应用任务对计算、存储、通信的不同要求做出及时调整，从而自适应地以最优性能来支持应用变化，满足用户的不同计算需求。需要基于工艺局限性，研究规则、冗余、结构简单的物理拓扑重映射为非规则、复杂的网络架构的方式和方法，以构建可扩展的软件定义网络拓扑，满足不同系统应用和网络通信场景的需求。

路由算法方面，需要研究支持拥塞和故障感知的智能寻路算法，在网络负载较重时提高网络的吞吐率，在网络负载较轻时降低网络的平均延迟；在网络节点或链路存在故障时提高网络的容错性能，避免网络拥塞的同时具有高自适应的容错能力，保证系统的可用性和鲁棒性[82,83]。需要研究故障与拥塞感知系统模型的构建方法[84]，以支持晶圆互连基板多点缺陷下的故障建模，实现多点缺陷下的容错评估和高效系统修复。

资源管理调度方面，晶上系统异质异构芯粒之间通过 Die-to-Die 邻接互连或晶上网络实现数据的交互，需研究网络资源管理调度技术来控制数据包在网络中的传输过程(流量管理、传输路径、优先级、仲裁机制、QoS 等)以及各级网络资源(如链路、虚通道、交叉开关通道等)的占用或释放[85]，以提高晶上网络资源的利用率与网络通信的性能(时延、吞吐率、功耗均衡等)，支撑多样化的网络传输需求。

微路由器体系结构方面，需研究软件定义晶上网络路由器的网络接口、输入缓存、路由计算、虚通道分配、交叉开关设计等微体系结构[86]，研究数据包在路由器中的交换机制、缓存机制、流控机制、路由算法以及死锁避免机制，研究支持电路交换、分组交换等工作模式的晶上网络路由器实现方法，设计具有全功能模式、缓存优化模式、直通模式和关断模式的微路由器，有效适应晶上通信环境与需求等各方面的变化。

可测性设计方面，软件定义晶上互连网络规模巨大且连接复杂，与传统片上网络相比，其制造故障也会随之提高，测试的复杂度、难度及要求更高。须研究适用于晶圆级网络规模的测试策略及测试体系；须研究缩短测试时间、降低片上资源开销和提高外部自动设备利用率的方法以控制整体测试成本；须研究通用测试存取系统结构，以满足对深嵌在晶上网络深处的被测芯粒进行有效测试的需求；须研究复用晶上网络传输测试数据的方法，以降低测试资源开销和系统引脚；须研究新的测试方法和技术[87,88]，以在晶上网络的拓扑结构、流控机制、交换技术和路由算法等根据不同应用场景灵活变化时均能满足系统测试需求。

3.2.3 领域专用混合粒度芯粒

芯粒是 SDSoW 系统中实现"分而治之"与"群体智能"的基本部件，其种类、属性与拓扑由架构设计时根据领域应用的功能、性能和工作流程凝练抽取。SDSoW 的芯粒会经历两个阶段：第一个阶段主要基于现有的 CPU、GPU、DSP、AI 处理器、Memory、Switch 等芯片进行重组或增量开发，通过粗粒度现有芯粒的集成和细颗粒度"黏合"芯粒的开发，按照功能等价去逼近系统架构设计中所需的理想芯粒，这一阶段可以最大化继承现有的技术与产业成果，实现 SDSoW 产业的快速起步；第二阶段则进入崭新形态的芯粒开发与定制阶段，依靠晶上系统的丰富的互连资源和超低互连延迟，通过对处理芯粒和互连芯粒的定制，能够实现更高的能效比和能重比，真正发挥出 SDSoW 系统的优势和能力。随着"感传存算"融合架构走向成熟与产业化，芯粒间的联系更加密切，芯粒的形态会更加逼近"不同类型的神经元"，芯粒间通过发达可塑的网络不仅可以实现"区域智能"，也可以支持"全局智能"，因此需要重点开展面向晶上系统的算粒提取和预制件设计的研究。

(1) 面向领域专用的 SDSoW 应用分析与基础算粒提取

算粒是完成某应用任务时对计算、存储以及互连结构的一种模块化的抽象和归纳。针对计算任务合理地提取基础算粒集合是构建计算/存储/互连资源池的关键。基础算粒的颗粒度大小对计算结构重构效率、重构便捷性与重构灵活性具有决定性意义。因此基于能效最高、性能最优、资源最少、资源利用率最高、可靠性最优、灵活性最高等多元目标函数，建立合理的数学模型并通过求解多元数学模型实现基础算粒结合提取与优化，对实现 SDSoW 计算资源池构建，满足多种应用计算需求具有重要意义。

(2) 预制件的研究与设计

预制件在 SDSoW 上完成与应用相关的计算、存储和通信等功能，一般可采用成熟的货架产品进行定制。由于 SoW 极大地缩短了预制件之间的互连距离，传统高速串行、高延迟和功耗的片间互连接口，如 PCIe 接口、DDR 存储接口、以太网接口等已经不再适应 SDSoW 集成，因此需要根据应用中算粒的需求，对预制件功能、数量、互连方式和接口等进行研究和设计。由于 SoW 极大地缩短了芯片预制件之间的互连距离，预制件之间的互连可等效于传统多核处理器之间片上互连，为了适应不同的应用，研究一种支持高带宽、低功耗、超短距离互连协议，同时支持点对点、Mesh、Fabric 等适应多种预制件器件互连。由于芯粒互连距离较短，晶上系统互连资源丰富，物理上可采用大带宽的同步传输，或者无 FEC 的超低延迟异步传输，可有效地减少传统通信协议中并串转换、同步、对齐、纠错等处理延迟和功耗，降低传输延迟。

3.2.4 晶圆基板制备与拼装集成

晶圆基板制备是晶上系统的核心工艺技术之一。晶上系统在较小的空间尺寸下集成了很多的功能模块，与传统的单芯片封装的结构相比具有更复杂的信号网络分布体系和更复杂的电磁场、热及机械场的结构。与传统 SoC 相比，晶上系统的设计面积以及布线复杂度都有着飞跃式的提升，随之而来的是更具挑战性的信号完整性(Signal Integrity，SI)设计、电源完整性(Power Integrity，PI)设计以及晶上长距离供电网络设计等。此外晶上系统异质集成的结构，多样化的预制件与硅基板的倒装互连以及背面的电源模块与硅基板之间的互连均需要通过铜柱微凸点进行拼装集成，为了保证硅基板在大面积范围内与预制件的成功互连，需要综合考虑微凸点分布、制作工艺的能力对硅基板整体的翘曲以及集成后的机械性能产生的影响，同时需要兼顾加工能力进行协同设计。如何制定晶圆级网络基板设计及布线规范，解决晶圆级网络基板多物理场协同仿真问题，以及如何进行高可靠的晶圆基板刻蚀及微凸点生产成为晶圆基板制备必须解决的问题。

为实现晶圆基板的制备，必须解决工艺文件、开发工具和制备流程的问题。与传统的有机基板和硅转接板不同，晶圆级规模基板的生产制备，必须解决晶圆级网络基板设计与制作相关的技术问题，主要包括晶圆级网络基板协同设计技术、TSV[89]晶圆级网络基板制作工艺以及微凸点制作技术。具体来讲，需要突破面向复杂晶上系统的晶圆级网络基板设计与仿真，大面积 TSV 晶圆级网络基板制造工艺以及高密度微凸点制作技术等关键技术，实现面向晶上系统集成的高密度晶圆级网络基板的设计与制作并建立设计规范。相关研究包含但不限于如下内容：

(1) 硅基板设计与仿真技术

面向晶上系统的具体应用需求，对晶圆级网络基板的 SI/PI(信号完整性/电源完整性)、PDN(电源分配)以及多物理场耦合等问题进行研究分析。三维异质异构集成中关键路径中互连线的信号传输特性会极大地影响整个晶上系统的性能。而晶圆级尺度下电磁兼容问题，热、机械可靠性问题对性能的影响都变得尤为突出。硅基板设计与仿真技术将从仿真和工艺两个角度进行网络优化、布线优化、布局优化的协同设计。

(2) TSV 晶圆级网络基板制造技术

面向晶上系统集成的大面积晶圆级网络硅基板的制作技术，相关技术研究内容包括 TSV 的设计与成套工艺制作的方案以及再布线方案等。为了实现晶圆级网络基板针对晶上系统整片 Wafer 互连的技术需求，基于国内可实现集成电路制造能力，对晶圆级网络基板的制作技术开展研究，解决实际制作过程中的方案设计与工程问题。

(3) 高密度微凸点技术

面向异质集成中多样化预制件及多模块等与硅基板的倒装互连需求，在 12 英寸晶圆上制作高密度微凸点，并综合考虑微凸点分布、制作工艺及后续的集成组装工艺对硅基板整体的翘曲以及集成后的机械性能产生的影响，对高密度微凸点的制作进行协同设计。

晶圆级拼装集成技术是晶上系统的又一核心工艺技术。为突破当前封装技术和 PCB 系统集成的限制，解决晶圆级大规模预制件集成的超短距互连问题，实现无封装的硅基互连，晶上系统需要开展基于 TCB[90]、TSV、Die2Wafer[91]、Wafer2Wafer[92]等的先进互连和封装技术以及预制件互连和排布方法与准则的研究，并对 Cu-Cu 键合[93]所需的材料、温度、应力等工艺约束进行探索，解决晶圆级拼装集成的可靠性问题，实现异质异构预制件的灵活拼装，同时由于晶上系统超高密度异质异构的"预制件"在芯粒厚度、尺寸等方面不尽相同，如何解决超高密度下多种预制件贴装时的校准及可靠互连互通成为晶圆级拼装和集成必须解决的问题。

晶圆级拼装集成技术主要针对晶上系统集成的晶圆级基板的键合技术进行研究，包括晶圆基板正面基于铜微凸点的高密度微凸点键合技术及无凸点的混合键合技术，及正背面键合机理、表面预处理技术和工艺窗口优化，及键合互连的可靠性等的技术研究。相关研究包含但不限于如下内容：

(1) 键合互连界面表征及表面预处理

针对基于铜微凸点的微凸点键合技术和无凸点的混合键合技术，对键合互连的表面进行研究，解决键合前对键合互连表面的表征问题，研究通过化学机械抛光(Chemical Mechanical Polishing，CMP)、表面预处理等技术对微凸点表面及无凸点的焊盘表面进行处理的方法，研究对处理后表面的表征技术。

(2) 键合互连的工艺兼容性设计

晶上系统的集成微系统基于系统构成的复杂性，涉及多种异质异构芯片和被动元件的互连和集成，各个预制件不可能一次性实现与硅基板的键合互连。在实际的集成工艺中，研究兼顾不同异质材料、不同结构、不同集成工序的差异特性，研究键合后集成工艺的稳定性设计技术，实现各单步集成工艺的兼容。

(3) 键合互连的可靠性设计技术

微凸点的键合互连完成后，键合界面存在金属间化合物，由于设备对准精度或未对准会带来键合介质层界面缝隙的问题，此外还存在键合金属层界面的微孔洞、$Cu\text{-}SiO_2$ 界面的互扩散等一系列的可靠性问题，晶圆级键合互连的可靠性设计主要针对这些问题进行研究。

3.2.5　超高密度供电与散热

软件定义晶上系统在晶圆上实现异构异质多芯粒的高密度互连。由于贴装芯粒的异构异质，使得软件定义晶上系统能够集成成百甚至上千个不同工艺节点、不同供电需求的芯粒，得益于先进封装技术的发展，异质 Die 的结构更加多样，这都使得软件定义晶上系统面临高密度甚至超高密度的供电和散热问题：一是超高密度供电网络设计的复杂性问题；二是散热系统设计难题。

软件定义晶上系统集成大规模的不同功能的芯粒，由于集成的芯粒可以是不同的工艺节点的芯粒，因此其供电需求也不同，而且由于集成规模大，整个系统的功耗也比较大。前期研究表明晶上系统总电流近 20kA，总电压域数超过 1000 个(功率范围跨越三个数量级)，供配电需求超过 $1A/mm^2$，将造成电压稳定度低、区域间串扰严重、热疲劳等问题。

对于晶上系统的芯粒来说，如果供电电压纹波很大或者电压跌落很大，当纹波或者电压跌落超过芯粒规格需求时，芯粒不能正常工作，从而影响整个软件定义晶上系统的功能实现，而整个系统由于功耗产生的焦耳热如果无法及时散出，也势必影响整个晶上系统工作的可靠性。为保证软件定义晶上系统的供电质量及散热，需要深入研究晶上系统供电结构设计、晶上系统供电网络设计、供配电模块设计、晶圆规模级电源完整性仿真、散热系统设计等关键技术。

对于晶上系统供电结构设计，在软件定义异质异构晶圆级集成系统中，保障每个模块的正常供电对整个系统的最优效能至关重要。晶圆级系统很大，与常规的单片 SoC 系统供电不同，大面积、长距离，使得电能在传输过程中损耗比较大，为保证多模块互连芯片长距离传输的供电，需提供非常规的供电方式——垂直整合供电。为实现垂直整合供电，需研究晶圆系统供电区域的划分、TSV 的供电能力及排布，由于 TSV 尺寸小，而供电模块的供电端尺寸大，需研究二者结构连接等问题。供电区域的划分决定了传输电能的 TSV 的分布区域、数量及其对应电源域；TSV 的供电能力决定了不同电源域下需要的 TSV 的数量，其排布需要结合仿真情况实时调整，从而使得各个 TSV 上承载的电流相对一致，以防单个 TSV 电流过大，一方面导致压降过大，芯粒无法正常工作；另一方面由于 TSV 承载电流过大，会导致 TSV 的失效从而影响整个晶上系统的可靠性。

电能通过 TSV 传导到晶上系统的电源网络中，然后再经电源网络流到各个芯粒供电端为芯粒提供电能。由于晶上系统上除了供电网络还有信号网络，信号网络中会有一些高速信号网络，因此要研究整个晶上系统的供电网络设计，一方面满足各贴装芯粒的供电需求，另一方面确保敏感信号不受电源的干扰。具体来说，晶上系统的供电网络设计，需结合芯粒的供电需求、系统的供电结构、芯片制造厂(Foundry)的工艺能力及信号的隔离需求等搭建供电网络的模型，通过仿真不断地进行优化从而在满足信号隔离的需求下，实现对贴装芯粒的高质量供电。

软件定义晶上系统由 CPU、GPU、存储器以及高速通信组件等大电流负载构成，具有电压低、尺寸小、损耗高等特点。因此，需要着手研究新一代晶上供配电系统，颠覆电流密度低、功率损耗和体积尺寸大的传统供配电系统分布式设计架构，满足 SDSoW 晶上系统对高质量电能的需求。针对 SDSoW 晶上供配电系统超高降压比、超大负载电流与系统集成化等技术问题，需要开展软件定义晶上系统高效供配电技术研究，突破新型高电流密度供配电系统架构设计、万瓦级电源系统晶圆级封装、高频高能量密度软磁与介电材料等关键技术。

由于软件定义晶上系统集成规模大、供电网络复杂、电源域多、电流密度大的特点，因此供电网络的设计离不开电源完整性仿真工具的支持。晶上系统供电网络面积大，而电源网络的仿真不能对系统整个电源网络进行切割仿真，这也导致电源网络的仿真对硬件需求极高，因此需要研究整个晶上系统电源网络仿真的方法，从而在硬件需求和仿真精度间找到平衡。

软件定义晶上系统由大量高性能运算芯片通过晶圆转接板高密度集成实现，系统功率密度从传统的 kW/m^3 跃升到 MW/m^3 量级，其在峰值工作状态必然造成大量热量聚集。按照目前高性能运算芯片功率密度 $50W/cm^2$ 进行估算，直径 300mm 的晶圆上有一半面积贴装高性能计算芯片时，所产生的最大峰值功率可以接近 20kW。考虑到部分芯片密集区域的热量聚集效应，传统散热方法会遇到芯片高低不同、晶圆载板翘曲等问题，已无法满足系统的散热需求。需要研究一种高效的散热方法，以使晶上系统在工作时各个芯片以及信号在载板晶圆上传递时所产生的热量有效带离系统，保证系统的稳定运行。为实现晶上系统有效的散热，需要研究微观尺度下固液高效换热、大面积热区匀温冷却、晶圆级载板多点原位温度与应力监测等关键技术。

晶上系统面临 MW/m^3 量级的热密度，这会导致严重的硅通孔(TSV)热机械可靠性问题，需要研究热致 TSV 应力控制改善的关键技术，为低应力、高可靠 TSV 制造技术奠定技术基础，从而提升晶上系统工作的可靠性。同时由于热密度过高，存在高功率密度热点以及大温差造成的热应力，需要重点解决晶上系统中大量处理芯片高密度组装在晶圆载板上时的热量堆积所造成的芯片结温过高、严重的温度不均匀现象、系统应力过大，以及载板晶圆上处理芯片功能分布与工况差异所造成的载板晶圆内温差过大等热问题。

微观尺度下，固液的高效换热将晶上系统的热有效带离系统，而由于晶圆具有脆、易碎的特性，如果降温过快或者降温不均匀会导致热应力问题，从而影响晶上系统的可靠性，因此通过研究大面积热区匀温冷却、晶圆级载板多点原位温度与应力监测等关键技术来保证整个散热系统的高效、可靠的工作。

3.2.6　软硬件协同开发与编译工具

由于 SDSoW 是领域专用软硬件协同系统，其开发与编译工具将是全新的，不仅会引入领域专用语言，解决编程的高效性与灵活性，还要在开发与编译工具[94]中体现软硬件协同，将系统设计空间的优化探索映射到晶上硬件资源上，通过在线编译硬件资源实现软硬件协同的"结构适应应用"，同时开发与编译工具也将发布到应用客户，对晶上系统的应用本质上是领域专用系统需求的"在线定义与开发"。需要研究领域专用语言编程技术、软硬件协同机制、任务资源映射机制、资源调度与编译等关键技术。

　　SDSoW 的产业生态包括支撑平台、预制件、系统组装、设计环境、应用环境和应用场景六个层面。如图 3-4 所示。

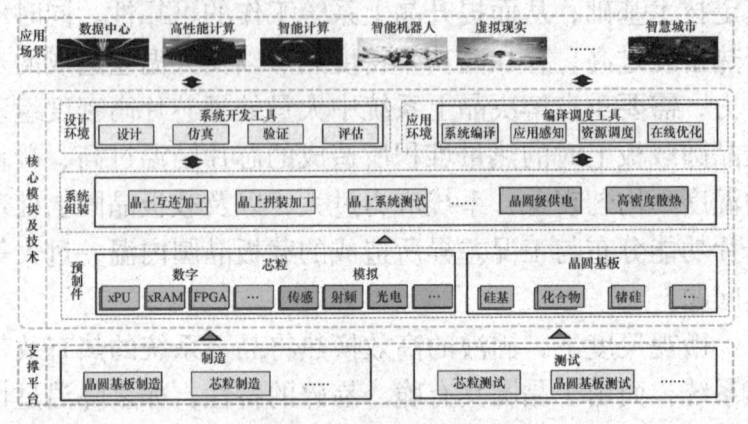

图 3-4　SDSoW 产业生态

　　在支撑平台中，围绕晶圆基板、芯粒的制造与测试，需要新的支撑设备与工具，以实现晶上系统规模化生产；在预制件中，包含芯粒和晶圆基板两大类。芯粒包括 CPU、GPU、NPU、TPU、SRAM、DRAM、FLASH、FPGA 等数字逻辑电路，也包括传感、射频、光电等模拟电路，晶圆基板将从硅基衍生出锗基和化合物，形态上有亚晶圆、8 英寸、12 英寸、18 英寸等；在系统组装中，将发展专门的晶圆互连工艺加工、晶上拼装集成加工、晶上系统测试、供电装置、散热装置等工艺流程；在设计环境中，需要支持晶上系统开发的设计、仿真、验证、评估等功能的系统开发工具；在应用环境中，需要支持系统编译、应用感知、资源调度和在线优化等功能的编译调度工具，以支持在线软硬件协同；通过上述平台的产业生态，SDSoW 可支持数据中心、高性能计算、智能计算、智能机器人、虚拟现实、智慧城市等不同的应用场景。

为了支撑晶上系统高效的应用开发，还需要研究面向晶圆级芯片的高效编译优化技术，其中包括多级编译优化框架、资源映射与任务调度方法[95]、异构平台代码生成以及编译测试验证框架。

(1) 多级编译优化框架

通过定义编程接口规范和各个层级的中间表示为晶上系统编译器提供基础设施框架。研究面向领域的基础算子设计与实现方法；研究支持领域专用编程接口的多级编译优化框架及高效编译优化技术。

设计领域专用编程接口：面向领域特定需求，研究适应于该领域算法的基础算子设计与实现方法；包括针对领域算法抽象出热点算子，使用多层中间表示实现热点算子，封装多层中间表示的算子函数，构建高级语言到算子函数的绑定；研究使用多级编译优化框架添加领域专用中间表示方言的方法，构建算子库，形成领域专用编程接口。

研究计算特征信息提取方法：研究基于应用程序高层中间表示或抽象语法树的计算特征提取方法，获得算法的计算需求，支撑硬件资源映射与硬件代码生成任务。

研究各层级中间表示的优化算法：研究基于多层级中间表示的算法特征到算子的匹配与重写方法；研究不同层级抽象信息的优化方法，设计高层中间表示操作优化算法；研究集成硬件中间表示编译下降通路方法和软硬编译优化方法，实现高效编译优化技术。

(2) 资源映射与任务调度方法

通过给定的计算资源和计算需求特征，为编译软件框架提供优化信息，具体包括资源映射机制和任务调度机制。资源映射机制能够根据任务的计算特征指派不同类型的计算资源；任务调度机制能够为每个计算任务赋予优先级，并使用合理的调度策略保证在多个计算任务被指派到有限的计算资源时按最优效率执行。

研究面向晶圆级异构集成系统的架构无关性能评估模型：面向晶圆级异构集成系统的性能评估，研究预制件内部计算、通信、存储单元的硬件中间表达形式；研究用于预制件之间通信的片上网络的硬件中间表达形式；基于多层次中间表达形式编译框架，研究硬件中间表达形式的转换和下降算法以及层次化的性能评估模型的建立方法。

研究面向晶圆级异构集成系统的计算任务调度技术：面向晶圆级异构系统的计算任务负载平衡优化，根据晶圆级系统目标应用的软件中间表达形式以及不同专用预制件的硬件中间表达形式，基于架构无关的多层次性能评估模型，研究基于强化学习和层次化性能评估模型的计算任务负载平衡调度技术；针对晶圆级异构系统的多任务调度，研究面向虚拟化硬件资源的计算任务动态调度技术。

研究应用多层次中间表达形式的资源映射技术：面向晶圆级异构系统的预制件的算子映射，基于多层次中间表达形式编译框架，研究任务算法的高层次计算图的转换、优化、下降算法；研究任务算法的循环级优化算法(如仿射变换、完美循环变换、循环展开等)；研究性能、资源感知的任务算法的算子级功能单元布局布线技术；面向晶圆级异构系统的预制件之间的通信资源映射，研究带宽感知的映射算法。

(3) 异构平台代码生成

根据计算特征需求，确定所需的硬件加速设备。并依据现有硬件资源的检测结果，使用基于模型描述的异构硬件生成机制确定需要生成的硬件加速设备，最终生成硬件表述代码。

研究基础算核库的应用算法高阶计算图表示方法：针对应用算法的数据流图中间表示，研究面向基础算核库的子图划分、子图挖掘和子图匹配联合优化的高阶计算图提取方法；研究应用算法计算过程中的计算、存储和通信的高阶抽象表示方法，形成面向编译器的自动化高阶计算图生成方法[96]。

研究针对热点算子的硬件 RTL 级代码生成技术：面向硬件可编程的晶圆级芯片预制件，研究热点算子到硬件多层中间表示的映射方法；研究软硬件多层中间表示的集成方法；研究硬件多层中间表示的标记和提取方法；研究针对硬件多层中间表示的 RTL 级代码生成技术。

研究针对晶圆级芯片异构预制件的目标代码生成方法：面向晶圆级芯片异构预制件系统，研究针对异构预制件的多层中间表示扩展方法；研究核心多层中间表示到异构预制件特定中间表示的编译方法；研究异构预制件特定中间表示的后端代码生成方法；研究针对异构预制件的数据流通路设计方法。

(4) 编译测试验证框架

研究功能测试验证方法：选取多种计算密集典型算法

对晶圆级芯片的编译优化技术进行功能测试，具体包括对领域专用编程接口、多级中间表示、资源映射机制、任务调度机制、目标代码生成、模型描述生成等功能进行测试，验证编译优化技术能否支持把多种应用算法成功映射到晶圆级芯片的 CPU、FPGA、DSA 等不同的异构计算核中并实现计算加速。

研究性能测试验证方法：编译优化技术中的任务调度机制是影响晶圆级芯片运行性能的关键，首先从调度长度、能量消耗量和调度长度比率(SLR)三个维度对编译机制的调度性能进行评价，其次选取多种计算密集型典型算法对编译器性能进行测试，验证编译器对不同算法的编译后达到的加速性能比。

构建自动测试框架：研究适应于晶圆级芯片高效编译优化技术的自动测试框架，实现测试用例自动化构建、执行与验证，支撑编译软件框架的开发与验证。

3.3 与片上系统技术对比

3.3.1 软硬件配合到软硬件协同

传统 SoC 的设计方法通常采用硬件优先的原则，然后在硬件上进行软件开发，其将硬件和软件分为两个独立的部分进行设计。随着电子技术和对更高性能需求的发展，各种大规模领域专用 IC 在应用处理系统中得到广泛的应用，传统设计方法已不足以支撑系统充分发挥性能。晶上系统开发是以系统设计作为出发点，通过软硬件协同综合分析系统需求，充分发挥系统软硬件潜能使得系统能够保持最佳运行状态。

一个基于晶圆级系统集成技术的领域专用计算系统的理想设计流程，从应用算法分析开始，经过系统级设计空间探索到电路级设计优化再到物理实现的完整过程，需要考虑各种因素相结合的一体化设计方法才能真正发挥集成工艺带来的增益。针对规模已经突破传统芯片的计算、存储、互连和 IO 带宽设计上界的复杂晶圆级系统，该流程已经成为一个多元目标优化的工业设计难题。在一体化设计流程中，如何从领域应用算法和需求导入并结合集成工艺平台的各种特征参数构成的设计空间出发，在系统级探索计算架构的优化设计和验证方法是决定最终系统效率的关键。

3.3.2　IP 设计复用到芯粒集成复用

早期集成电路以全定制为主(如 Intel 4004 CPU)，设计周期较长。随着集成电路的发展，集成电路设计中重复使用的通用功能进行了模块化定制，即形成了 IP(Intelligent Property)设计复用的概念。在当今集成电路快速发展的年代，IP 设计复用技术已成为众多 EDA 设计公司的核心支撑技术，具有非常重要的战略地位，Synopsys 公司就是 IP 巨头，它将复杂功能模块化，如 SerDes、SDRAM 控制器、协议控制器、PLL 锁相环等功能的封装，提供给设计公司，并收取专利费用；此外，还有一些以 IP 设计复用为主业的 IP 设计公司，比如 ARM 公司。IP 核分成三类：软核、固核与硬核。软核指前端设计人员所编写的 Verilog 行为级描述代码；固核是经前端代码综合后生成的门级网表形式的代码，当前大部分IP主要就是以固核的方式；硬核是GDSII版图文件，不能修改。

另外高性能晶上系统集成大规模计算和存储资源，需要大带宽、高密度、低功耗的片间和片上数据互连，传统的交换互连芯片具有功耗高、带宽有限、延迟大等缺点，为了满足晶上系统资源进行集中和池化的需求，需要更短互连距离、更低互连延迟、更高带宽互连接口，硅光互连具有低功耗、高带宽、低延迟、高集成密度等优势，能够很好地满足晶上系统和系统、长距离芯粒与芯粒之间大带宽互连[97]。当前国内单硅光互连芯片已经突破了Tbps级传输速率，借助硅光与CMOS电路融合集成，构造小尺寸收发引擎，发挥光子多维复用和电子大规模集成的优势，有望实现Tbps级带宽、pJ级能耗和低延迟、高能效晶上光互连网络。

3.3.3 2.5D/3D封装到晶圆级集成

受限于光罩尺寸的影响和超大规模集成电路存在良率问题，为了延续摩尔定律，业界从先进封装着手进行突破，包括2.5D封装和3D封装，区别于2D封装，2.5D和3D封装在垂直方向都增加有至少一个功能层。其中2.5D结构封装是在芯片和封装载体之间加入了一个硅中介转接层，该中介转接层上通常采用TSV进行连接，通过倒装芯片作为组装工艺。由于在工艺上采用了中介转接层，金属层的表面和芯片表面采用相同的工艺，在节省开销的同时，还提升了产品的容量和性能。3D结构封装则是将芯片进行多层堆叠，通过混合组装工艺或硅通孔技术进行互连。3D结构的出现进一步缩小了芯片的产品尺寸，提高了产品容量和性能。先进封装当前最典型的发展集中在 Chiplet 技术上，AMD、Intel、Marvell、Xilinx、TSMC 等都竞相逐鹿，当前最具代表性的包括 Intel 的 EMIB、3D-Foveros、Co-EMIB、ODI 等相关技术和产品，AMD 的 HBM、MCM、X3D 等技术和产品，TSMC 的 SoIC、InFO、CoWoS 等技术和产品。但是基于 Chiplet 的先进封装技术其出发点依然是追求更大面积芯片而衍生出的技术结构，其出发点并未真正从系统级考虑，且散热较差、成本较高是制约 TSV 技术发展的主要因素。同时受限于硅转接板的面积，基于 Chiplet 的 2.5D/3D 芯片都是不超过 2 倍光罩大小的小规模先进封装技术，且散热瓶颈问题使得集成芯粒的规模极其受限。

晶圆级集成(Wafer Scale Integration, WSI)[98-101]的概念，从系统学的角度出发，将诸多良裸晶粒(Known Good Die, KGD)的 Die 按照系统架构布局排布在晶圆级的硅基板上，在系统层面形成一个超级芯片，其中晶圆本身可以作为"超级芯片"的衬底和基板，将各个异质异构的元件连接在一起。从理论上讲，晶圆级集成可以降低成本(消除单个芯片的封装并将传统的晶圆—芯片—封装—部件—模组—系统直接简化为晶圆—芯片—系统)并提高性能(通过缩小 Die 间互连距离可以减少信道传输损耗实现更快的数据速率)。此外，WSI 还可以构建更密集的设备，在一个电路板中，有 90%甚至更多的空间用于非模组件。对于晶圆级设备，互连占用的面积开销不会超过总体的 10%。因此，晶圆级芯片可以比同等的多芯片模块 MCM 的性能好一个数量级，同时提供更高的能效。

3.3.4 单一工艺到多种工艺

微电子主要以工艺制程为主线向前发展，工艺制程越来越先进，从微米级发展到纳米级。集成电路形态从 LSI 发展到 VLSI，直到今天各种 ASIC 和 SoC，尤其是 SoC，代表着芯片设计进入 IP 复用和软硬件协同设计的新阶段，并驱动微电子技术与产业高速发展。但随着物理极限的"逼近"，以及摩尔定律逐渐放缓，当前以 SoC 为代表的微电子发展遇到了综合瓶颈。现有的集成电路微缩技术路线面临面积墙的问题，为继续延续微缩技术的发展，除了在新材料、新工艺上寻求突破外，目前业界都在试图从新架构层面取得进展，除上述所述的先进封装之外，另一种就是如 WSE[102]正在进行的大芯片技术路线，其主要通过传统芯片制造的前道工艺，在晶圆上进行 Die 的光刻，其中 Die 的面积限制在光罩范围(Reticle)以内，然后通过在 Die 之间的切割道(scribe line)区域进行二次光刻，实现晶圆上多个 Die 的连接，通过晶圆级上多 Die 的连接形成整体的大芯片。WSE 的大芯片技术路线在一定程度上延续了集成电路的微缩技术路线，但是其只能实现单一工艺节点 Die 的集成，且每个 Die 的功能必须保持一致，这对系统级集成造成一定的约束和限制。

晶上系统在工艺集成层面，走出了单一工艺制程和平面扩展的禁锢，其晶圆基板可以采用前道或者后道工艺进行生产，并能够支持有源基板和无源基板的特性，其上贴装的小芯粒，可以是不同工艺节点、不同功能特性以及不同材质,也可以是有源或者无源的组件。目前而言,基于晶圆的热压键合(TCB)代表了经济性最好、密度最高、性能最佳的技术路线,由于 TCB 的集成连线间距达到 10μm 甚至 1μm,而现有 PCB 集成连线间距为 500μm,TCB 的集成互连密度可提升 2500~250000 倍,不仅可完美弥补封装工艺相比制程工艺的严重落后,而且可以天然集成不同材质、不同器件、不同结构的"已有或未来芯粒",实现了物理集成的开放性[103]。

3.3.5 硅基材料到异质材料

影响 SoC 的工艺瓶颈问题的主要因素包括硅基材料的物理特性。对于以硅基材料为基础的集成电路,发展到超深亚微米/纳米阶段,漏电流、互连线延时等问题逐渐成为集成电路设计中需要重点考虑的问题,也是影响芯片好坏的关键因素。再加上集成度的不断提高、电流的不断增大、互连线间距的不断缩短以及多层布线的原因,使得电磁效应和耦合噪声等造成的线间串扰急剧增加,线间串扰的分析变得十分困难。因此,深亚微米集成电路设计中,漏电流和互连线延迟成为电路延迟和功耗的主角,逻辑设计的时延、功耗、面积等性能指标必须结合具体的物理实现才能得到比较准确的评估。

而对于晶上系统而言,晶圆基板的设计不限于硅基材料,且由于晶圆基板上支持不同材质、不同工艺和不同功能特性的芯粒的集成,因此通过晶圆基板和贴装的芯粒能够实现不同领域的应用,根据复杂系统对功能的要求,需要包括硅基材料以及异质材料。如作为光子器件、光电子集成的重要材料，硅基异质材料以硅为衬底，结合其他元素，形成包括硅/硅锗[104]、硅锗碳/硅[105]、砷化镓/硅[106]、镓铝砷/硅[107]、铟镓砷磷/硅[108]等，为电子和光电子器件的设计和制造提供优质性能的材料储备，支撑晶上系统的异质异构集成。此外，碳基材料等其他异质材料的研究也将是晶上系统发展的有力支撑。

第4章 国内外相关进展

4.1 先进封装进展

4.1.1 2.5D 封装

随着芯片向多功能化、低功耗的趋势发展，芯片封装互连密度将急剧增加，传统单一的 C4 焊球互连技术已无法满足未来新一代高性能芯片或微系统的互连信号传输需求。针对这一问题，诞生了基于 TSV 转接板的 2.5D 封装互连技术，这是一种超高密度 I/O 互连(纳米级别)芯片与晶圆(微米级别)互连的解决方案，能有效解决高性能芯片晶圆级封装互连问题。基于 TSV 转接板的 2.5D 封装互连技术涉及芯片到 TSV 转接板的互连、2.5D 芯片与晶圆的互连，其互连密度、互连层次与传统芯片到陶瓷外壳互连技术存在较大差异，如图 4-1 所示，因此高密度高精度的倒装焊技术、高密度晶圆植柱技术及大尺寸晶圆级拼装集成技术亟须开展研究。

2014 年，英特尔推出了嵌入式多核心互连桥接(Embedded Multi-Die Interconnect Bridge，EMIB)技术[109]，

(a) 传统芯片倒装互连结构

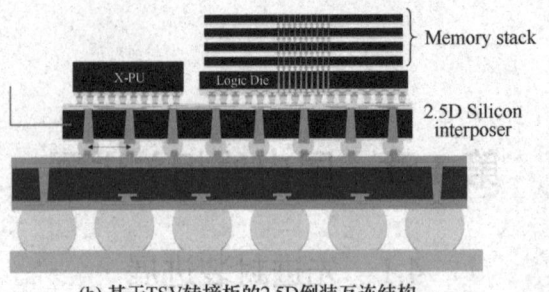

(b) 基于TSV转接板的2.5D倒装互连结构

图 4-1　传统倒装结构和基于 TSV 转接板的倒装结构对比

该技术是一种低成本的 2D 芯片封装技术，并于 2018 年推出了嵌入式多核心互连桥接技术封装的芯片，采用不同材质如砷化镓、硅等以及不同工艺如 65nm、28nm、14nm 等的通用处理器、图形处理器、可编程逻辑门阵列、射频前端模块封装在一起形成一颗处理器。传统的 2.5D 封装通常使用硅中介连接不同的逻辑单元，而嵌入式多核心互连桥接采用嵌入一小块硅的方式实现两个不同功能芯片的互连，并且对芯片的尺寸、工艺、材质等均无要求，大大拓宽了应用范围，确保了芯片之间可以异质互连。该技术已经在 Kaby Lake G 和 Stratix 10 FPGA 上落地实现了。

台积电有两类 2.5D 封装技术——片上晶圆基板 (CoWoS) 和集成扇出 (InFO)[110,111]。这两种技术的关键举措是继续扩大最大封装尺寸，以便能够集成更多的芯片 (和 HBM 堆栈)。例如，在硅转接板 (CoWoS-S) 上制造互连层需要"拼接"多个光刻曝光——目标是根据最大光罩尺寸的倍数增加转接板尺寸。

具体来说，CoWoS 已经扩展到提供三种不同的转接板技术 (CoWoS 中的"晶圆")。

(1) CoWoS-S

· 采用硅中介层，基于现有硅片光刻和再分布层的加工，如图 4-2 所示。

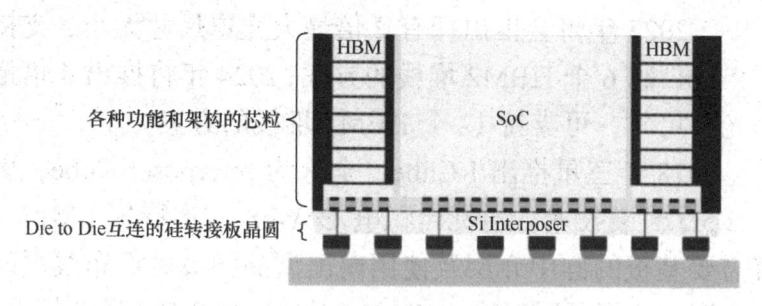

图 4-2 CoWoS-S 结构

· 自 2012 年开始批量生产，迄今为止已向 20 多家客户提供了多于 100 种产品。

· 转接板集成了嵌入式"沟槽"电容器。

· 目前最新的第五代 CoWoS-S 封装技术，将增加 3 倍的中介层面积、8 个 HBM2e 堆栈(容量高达 128GB)、全新的硅通孔(TSV)解决方案、厚 CU 互连、第一代的 eDTC1100(1100nF/mm^2)，以及新的 TIM(Lid 封装)方案。根据官方的数据，台积电第 5 代 CoWoS-S 封装技术，有望将晶体管数量翻至第 3 代封装解决方案的 20 倍。

(2) CoWoS-R

· 使用有机转接板以降低成本。

· 多达 6 个互连的再分布层，2μm/2μm L/S 间距。

· 4 倍最大光罩尺寸，支持一个 SoC，在 55mm×55mm 封装中具有 2 个 HBM2 堆栈；截至 2023 年，最新开发中的方案拥有 2.1 倍最大光罩尺寸，支持 2 个 SoC 和 2HBM2 采用 85mm×85mm 封装。

(3) CoWoS-L

·使用插入有机转接板中的小硅"桥",用于相邻芯片边缘之间的高密度互连(0.4μm/0.4μm L/S 间距)。

·2023 年将会推出拥有 2 倍最大光罩尺寸大小,支持 2 个 SoC 和 6 个 HBM2 堆栈的方案;2024 年将推出 4 倍最大光罩尺寸,可支持 12 个 HBM3 堆栈的方案。

2018 年三星推出 I-Cube,全称为 Interposer-Cube,属于 2.5D 封装技术,对标台积电 CoWoS 和英特尔 EMIB,有需要基板的硅中介层及使用扇出型晶圆级做重布线层两种方案,分别可以对应 CoWoS-S 和 CoWoS-R,量产较少,百度 AI 昆仑芯片即是采用 I-Cube 封装代表产品。

三星在 2020 年开始了 X-Cube(3D)等堆叠封装技术的创新,并计划在 2024 年量产可处理比普通凸块更多数据的 X-Cube(u-Bump)封装技术,预计 2026 年推出可处理比 X-Cube(u-Bump)更多数据的无凸块型封装技术。

日月光为全球封测厂的"领头羊"之一,技术较为领先,产品面较广,为 2.5D/3D 封装技术先驱之一,研发时间超过十多年,推出了世界上第一个配备高带宽存储器(HBM)的 2.5D IC 封装的批量生产。目前 2.5D 封装实现方式为 TSV 中介层连接以及用扇出型晶圆级封装的重布线连接,与其相似的技术包括台积电的 CoWoS 技术、英特尔的 EMIB 技术和三星的 I-Cube 技术。

长电科技先进封装的平台涵盖了 2D、2.5D 和 3D。2D 主要是在汽车与移动通信方面进行应用,包含了 Chip-last 和 Chip-first。整个 2.5D 主要布局在汽车和计算方面的应用,主要是 Chip-last。2021 年 7 月,长电科技推出了一款使用 Chip-last 封装工艺的高密度扇出式封装——XDFOI，应用场景主要集中在对集成度以及算力均有较高要求的 GPU、FPGA、CPU、AI 和 5G 网络芯片等。长电科技 XDFOI 技术相较于 2.5D TSV 封装技术，具备更高性能、更高可靠性，但具备更低成本等特性。该解决方案除了使其在线宽或线距可达到 2μm 的同时，可实现多层布线层外，还采用了极窄节距凸块互连技术，封装尺寸较大，使其可集成多颗芯片、高带宽内存以及无源器件。

通富微电以 CPU、GPU 高端封测为主，倒装封装为主要应用技术。通富微电是国内第二大和全球第五大的封测厂，该公司的六大生产基地有四个面向先进封装，其 2.5D 封装以扇出晶圆级封装及倒装芯片为主。

4.1.2 3D 封装

英特尔于 2018 年 12 月初次展示了逻辑计算芯片的高密度 3D 堆叠封装技术 Foveros[112]，通过 3D 芯片堆叠的系统级封装(SiP)，完成了逻辑对逻辑(logic-on-logic)的芯片异质整合，通过在水平布置的芯片之上垂直安置更多面积更小、功能更简单的小芯片来让方案具备更完整的功能。

英特尔的 Foveros 技术为整合高性能、高密度和低功耗硅工艺技术的器件和系统开辟了新的道路。这一技术预计将首次实现 CPU、GPU 和人工智能处理器等高性能逻辑芯片的 3D 堆叠，从而提高了芯片的性能和密度，同时降低了功耗。Foveros 技术的灵活性在于，它允许设计者将不同的技术专利模块与各种类型的存储芯片和 I/O 配置进行混搭，使得产品能够以更小的"芯片组合"形式实现更高的集成度。通过采用 3D 堆栈的 SiP 封装方式进行异质芯片整合，Foveros 技术成为了后摩尔定律时代的重要解决方案，不再过分依赖制程微缩，通过将不同制程的芯片整合成一个 SiP 模块，实现了更高的性能和更小的体积。例如，通过将各种类型的小型控制芯片堆叠在 CPU 之上，可以使得产品同时具有计算和 I/O 功能，也可以将芯片组与各种控制芯片堆叠在一起，制造出具有超高整合度的控制芯片。2019 年下半年英特尔推出了采用首个 Foveros 技术实现的低功耗 22FFL 基础晶片，该晶片中封装了一系列采用 10nm 工艺的高性能计算芯粒，实现整体高性能的同时只有较小的功耗。原来的大核设计就像新疆的馕，所有的内核加 IP 都整合在一起；EMIB 可以理解为披萨饼，内核和各 IP 可以分别设计和制造，然后横向拼接在一起，EMIB 可以让它们之间距离很近，带宽相对影响较小；而 Foveros 可以看作千层饼，各个 IP 纵向拼接在一起，通过 TSV 连接。把 EMIB 的横向和 Foveros 的纵向整合合并在一起(CO-EMIB)，就既可以横向生长，也可以纵向生长在一起构成了摩天大楼，如图 4-3 所示。

在 3D IC 方面，三星具有优势，因为三星同时拥有存储器 DRAM 和处理器的制造技术，而台积电并没有先进 DRAM 技术，因此在 3D 异质整合上三星或具优势，三星于 2020 年推出 X-Cube，全称为 eXtended-Cube，如图 4-4 所示属于 3D 封装技术，对标台积电 InFO 和英特尔 Foveros，应用 TSV 硅穿孔实现堆叠，目前能够做到将 SRAM 层堆叠在逻辑层之上，制程为 EUV 工艺，该技术采用 TSV 进行芯片间垂直互连，能大幅缩短裸芯片间的信号距离，提高数据传输速度和降低功耗。X-Cube 已经在自家的 7nm 和 5nm 制程上面通过了验证。在 2022 年 10 月的三星电子代工论坛上，三星电子代工业务总裁 Si-young Choi 宣布，公司采用微凸块连接的 X-Cube3D 封装技术将于 2024 年准备就绪，进行大规模量产。同时，他还透露，无凸块的 X-Cube 封装技术将在 2026 年问世。

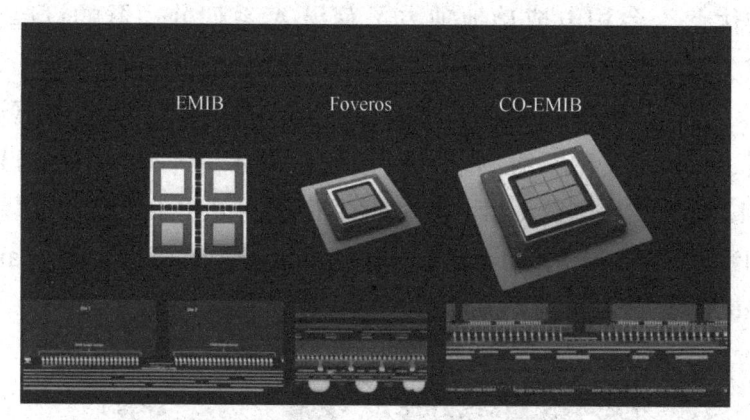

图 4-3　EMIB 与 Foveros 技术组合

扇出封装最具代表性的是台积电研发的 InFO 技术，InFO 带动了整个业界研发三维扇出堆叠技术的热潮。

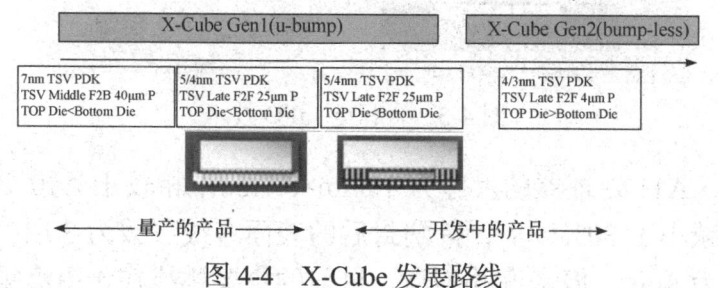

图 4-4　X-Cube 发展路线

InFO 是一种精简的 CoWoS 结构设计，无须使用硅中介层，可以直接连接芯片与芯片，从而降低厚度和成本，同时保持良好的性能表现。这种技术适用于追求性价比的移动通信领域，特别是在手机处理器封装中，可以减少30%的厚度，为电池或其他零件腾出更多的空间。因此，InFO技术在2016年首次被应用于苹果的A10处理器中，并在iPhone 7与iPhone 7Plus中得到广泛使用。由于InFO技术的优势，台积电成功地独占了苹果A系列处理器的订单，成为该领域的关键供应商。

图4-5展示了台积电InFO技术，通过将芯片埋入模塑料，以铜柱实现三维封装互连。InFO技术为苹果A10、A11、A12处理器、M1 Ultra芯片和存储器的PoP封装提供了新的封装方案，拓展了晶圆级扇出(WL-FO)的应用，让Fan-Out技术成为行业热点。

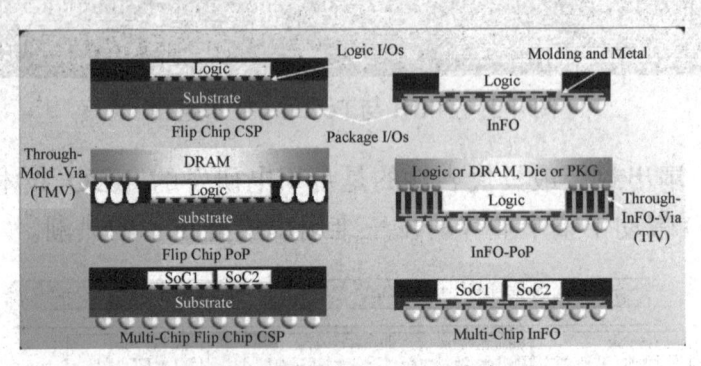

图4-5 台积电InFO技术

A11处理器的尺寸为10mm×8.7mm，相较于A10处理器减小了30%以上，其塑封后的表面布线层数为3层，线宽为8μm，但密度并不高，目前的主要挑战在于提高重构模塑料圆片表面的布线良率和可靠性。另外，A11处理器

InFO PoP 封装尺寸为 13.9×14.8mm，与 A10 相比减小了 8%，厚度为 790μm。M1 Ultra 是采用了本地芯片互连的集成 InFO 扇出型晶圆级封装芯片，实现了 2.5TB/s 的带宽。台积电 InFO 技术的成功得益于强大的研发能力和独特的商业合作模式。该技术的初衷是为了提供 AP 制造和封装的整体解决方案。

InFO 技术的巨大成功推动制造业、封测业以及基板企业投入了大量人力物力开展三维扇出技术的创新研发。业界也发现，很多原本需要 2.5D TSV 转接板封装可以通过三维扇出来完成，解决了 TSV 转接板成本太高，工艺太复杂的问题。

根据不同产品类别，台积电的 InFO 技术发展也随之进行调整，推出适用于高性能计算机(High Performance Computer，HPC) InFO-oS(InFO on substrate)、服务器及存储器的 InFO-MS(InFO with Memory on Substrate)，以及 5G 通信天线封装方面的 InFO-AiP(InFO Antennas in Packag)。

2018 年台积电推出 InFO-oS 技术用于并排封装两个芯片，芯片与芯片之间的互连为 2μm。芯片之间的间隙小于 70μm；InFO-MS 和 InFO-oS 基本相同，但在 SoC 旁边带有 HBM(高带宽内存)。

2019 年台积电推出 SoIC，2021 年量产，全称为 System of Integrated Chips，包含 CoW(Chip on Wafer)/WoW(Wafer on Wafer)两种方案，是全球较为领先的 3D IC 内部堆叠互连技术之一，CoW 为单芯片去做互连，WoW 直接用整块晶圆去做互连，SoIC 主要实现多个 Die 堆叠的 3D 构造块，在垂直堆叠的芯片之间的每平方毫米空间能够实现约

10,000个互连，此外超越了过去的中介层或芯片堆叠的实现方式，允许在不使用任何微凸点的情况下堆叠硅芯片，直接将硅的金属层对准并键合到硅芯片上(类似Intel的Hybrid Bonding)，能对10nm以下的制程进行晶圆级的接合技术，适合高频宽、高效率的逻辑与存储的堆叠，且不但能用于主动器件之间的堆叠，还能实现主动器件到被动器件的堆叠。相较于传统3D IC，SoIC的Bump/bond密度增加16倍，Bump/bond间距缩小23%，为目前最先进的堆叠互连技术之一。

除了代工厂，传统的封装厂商也在积极向3D封装技术过渡。封测龙头日月光是较具实力的一员。2022年6月封测龙头日月光推出VIPack 3D先进封装平台，它是由六大核心封装技术组成，包括日月光基于高密度RDL的扇出型堆叠式封装(Fan Out Package-on-Package，FOPoP)、基于硅基板扇出型封装(Fan Out Chip-on-Substrate，FOCoS)、基于桥式硅基板扇出型封装(Fan Out Chip-on-Substrate-Bridge，FOCoS-Bridge)和扇出型系统级封装(Fan Out System-in-Package，FOSiP)，以及基于硅通孔(TSV)的2.5D/3D IC和光学/光电共封装(Co-Packaged Optics)。其他封测厂如安靠、长电科技、通富微电等也在3D封装领域蓄力。

嵌入式晶圆级球栅阵列(eWLB)，是Fan-Out封装技术的进一步升级，主要用于高端手机主处理器的封装，适用于高性能低功耗的芯片产品，是芯片封装向芯片端的延伸。瞄准3D IC，长电科技推出了扩展eWLB，如图4-6所示。长电科技基于eWLB的中介层可在成熟的低损耗封装结构中实现高密度互连,提供更高效的散热和更快的处理速度。3D eWLB 互连(包括硅分割)是通过独特的面对面键合方式实现,无须成本更高的 TSV 互连,同时还能实现高带宽的 3D 集成。

图 4-6 嵌入型晶圆级 BGA 封装(eWLB)

3D 封装方面,华天科技推出了 3D-eSinC 解决方案。如图 4-7 所示,eSinC 技术同样采用在硅基板上刻蚀形成凹槽,将不同芯片或元器件放入凹槽中,通过高密度 RDL 将芯片互连,形成扇出的 I/O 后制作后通孔 TSV(via last TSV)实现垂直互连。eSinC 可以将不同功能、不同种类和不同尺寸的器件实现 3D 方向高密度集成。

随着小尺寸、高密度集成电路的不断发展,电路的集成封装形式已经从单芯片封装发展为芯片-芯片三维堆叠(chip to chip, C2C)、多芯片系统级封装(SiP)、芯片-晶圆三维堆叠(chip to wafer, C2W)等多种形式。其中 C2W 封装形式已经成为多芯片封装的重要组成部分,因为在一个晶圆上批量封装可以大大节省生产时间,节约工艺成本,降低系统误差,提高产品质量。国内外晶圆级的封装产线已经逐步建设成熟,全产业链也将围绕晶圆级封装形式展开,故需要大力开发先进稳定的晶圆级拼装集成技术,来满足日益增长的高密度、高可靠性集成电路的生产需求。

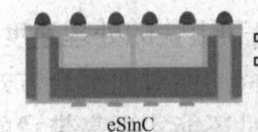

- eSinC是一种三维扇出系统集成的封装技术，属于系统封装技术范畴
- eSinC封装技术集成了Bumping、TSV、TBDB等多种平台技术，为多芯片的异质异构集成提供了可能性

eSinC

eSinC-CoW (Chip to Wafer)　　eSinC-PoP (Wafer to Wafer)

图 4-7　eSinC 技术

4.1.3　晶圆级封装

晶圆级拼装集成技术，是指用于晶圆级封装的芯片-晶圆键合技术[113]。早期键合技术采用双列直插式、组件封装式、插针网格式等形式，随着电路密度的不断增加，又发展出了倒装(FC)球栅阵列式封装。故针对高密度的封装产品，目前多采用倒装焊进行键合，这种方法比较成熟，可以实现毫米级的球栅阵列互连，但近年来兴起的晶圆级封装常涉及再布线+微凸点的工艺，表面的微凸点也采用球栅阵列，配合扇出(Fan-out)型封装线路设计方案，可以实现微米级的凸点互连。但微米级微凸点的倒装工艺依然存在较多的挑战，热压或回流过程仍会产生虚焊、焊点脱落、桥联、空洞等缺陷。

当前通过研制高精度倒装对准设备，实现高密度的倒装互连，通过热仿真、流体仿真、DOE 实验来优化热压倒装和回流倒装工艺，同时研究负压差底填工艺在减少底填空洞上的优势，获得高可靠性的晶圆级倒装产品。针对SoW 对晶圆级拼装集成的技术需求，设计了晶圆级注塑封装，将芯片倒装在 TSV 转接晶圆上，再进行晶圆级注塑，减薄后形成重构晶圆，封装方案如图 4-8 所示。

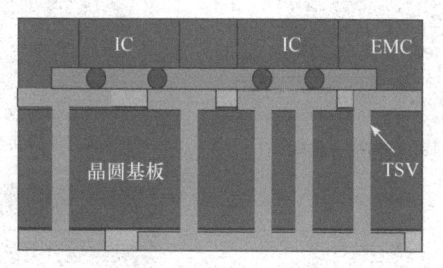

图 4-8　晶圆级拼装集成

晶圆级拼装集成的工艺流程如图4-9所示，首先将TSV转接晶圆键合在模塑的金属载板上，将带有凸点的异质异构芯片倒装在 TSV 转接晶圆的焊盘上，使用底部填充工艺，将倒装焊接面的缝隙填实。再使用晶圆级模塑工艺，将异质异构芯片和 TSV 转接晶圆重构成树脂衬底晶圆，最后通过晶圆级减薄工艺，露出芯片衬底。

近年来，中国科学院微电子所、清华大学、北京大学、中南大学等国内高校及研究机构，中国电子科技集团及中国兵器工业集团、中国航空工业集团、中国航天科技集团等也开展了应用于 2.5D 集成的基于 TSV 技术的硅基板的制备技术的研究，与国际上硅基板的方案类似，多采用互连尺度较大的中道或后道工艺制作，目前还仅限于微系统集成的技术探索与尝试，尚未有应用于特定微系统集成及整片晶圆的应用案例；而国内代工厂如中芯国际及华力等也正在尝试采用前道工艺通过拼版制作具有 TSV 结构的硅基板，但目前均处于研发阶段。国内的封测厂，可实现 8 寸/12 寸 TSV 转接板的制造，实现小批量的生产，贯通了 CoWoS 全流程的工艺。

(a) TSV转接晶圆贴装在临时键合载板

(b) 异质芯片倒装在TSV转接晶圆

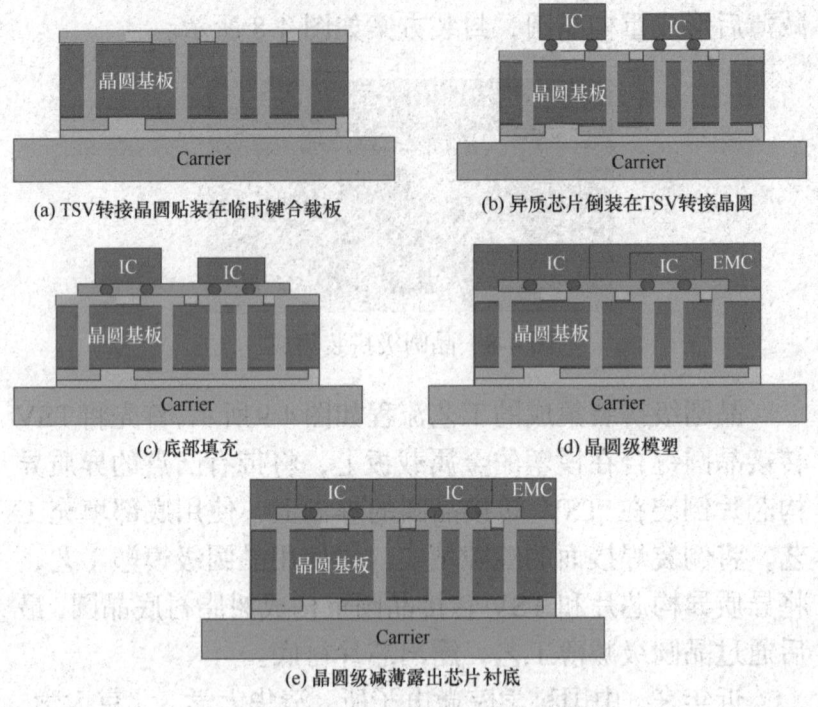

(c) 底部填充

(d) 晶圆级模塑

(e) 晶圆级减薄露出芯片衬底

图 4-9　晶圆级拼装集成的工艺流程

4.2　新型计算架构进展

在过去的几十年里，计算机系统的设计与应用一直在不断地发展和演进。这个过程中，应用任务的变化、制程工艺的进步以及设计思想的创新共同推动着计算系统的进步。其中，计算架构的设计作为计算系统的基础技术，一直扮演着关键角色。从不同的角度来看，每一种计算架构在其不同的发展阶段都有其独特的优势和合理性，也有其不可避免的缺点与适用范围。综合来看，计算架构创新主要包括两个方面：其一是规模，即依靠数量获得高性能。

高性能计算机通常由许多处理器组合而成。传统的处理器主要通过工艺进步提升单核处理器的性能，如今摩尔定律即将失效，处理器已经向多核转变，通过单处理器中集成更多的处理核心来提升处理器的性能。其二是架构，如中央处理器(Center Process Unit，CPU)、图像处理器(Graph Process Unit，GPU)、可编程门阵列(Field Program Gate Array，FPGA)、神经网络处理器如 TPU 等都有其适合应用的领域，采用不同的系统结构、处理流程以及不同的存储布局和模型，适配不同的编程语言以及专用的开发环境，如神经网络处理器需要适配神经网络开发环境 TensorFlow、Caffe 等。

4.2.1 异构计算

异构计算是将不同架构的处理芯片整合到一个系统内，并充分发挥各种计算架构处理芯片的计算优势，从而实现整个系统计算效率提升目标的计算形式。不同计算架构处理芯片的逻辑结构、驱动方式、编程模式以及管理方法等方面具有巨大差异性，其所擅长的应用任务类型或者更具体的计算环节也具有巨大差异性。在对系统内部各种异构的计算/存储/互连资源进行抽象和虚拟化的基础上，如何根据实时任务的资源需求对异构进行合理的管理分配，从而达到异构资源的合理高效利用，实现计算系统处理的高性能、高效能与高灵活是异构计算要解决的主要难题。其难点是系统内部集成有各种功能不同、性能各异且资源规模动态变化的物理资源，任务调度又具有随机性，且资源数和子任务数是一个规模很大的集合，因此其匹配关系是 NP 难问题。

异构计算器件的组合可以满足计算任务多样化的需求，目前已经在人工智能、云计算以及大数据等领域获得了广泛的应用。但是，在同一系统中集成多种器件并不意味系统算力简单等于异构器件算力相加。图 4-10 所示的异构系统包含了 CPU、GPU 与 FPGA 等不同计算架构类型的计算器件，每一类计算器件在各自的发展过程中逐渐形成了比较成熟的计算/存储/互连方法与标准，其编程方式、调度方式以及使用方式都有明显的差异性。如果要将单个应用的不同计算环节按照其计算特征分别部署在这些异构器件上，最大的问题不是可部署与否，而是如何合理部署，从而发挥各类型器件的最大计算优势。因此，异构系统研究最大的问题是各器件之间的有效协调与管理。如果无法克服这个问题，异构系统其理论上的性能和能耗优势将很难发挥，异构特征反而会成为系统负担。

从异构系统构成方式或异构单元的颗粒度角度来说，异构计算主要分为三类：①板卡级异构，即将不同计算/存储功能器件分布在不同的 PCB 板卡上，板卡之间通过高带宽连接形成统一的计算系统解决相关计算问题，如采用将 DSP 板卡、FPGA 板卡或 CPU 板卡组合起来解决雷达信号处理中的问题[114]。②芯片级(SoC)异构，即将具备不同制程、不同架构的芯片组合起来，并联合解决计算问题，如在数据压缩问题中，在 IBM POWER9 和 z15 芯片上集成了一块专门进行数据压缩的加速器 NXU，极大地提升了数据处理速度，进而提高芯片处理性能，并且芯片面积也很小[115]，Centaur Technology 公司的 NCore 作为高性能深度学习服务器集 CPU 的协处理器，集成在 X86 SoC 上，支持多种数据类型，并具备较好的可灵活扩展性，并且在多个数据集上均取得了高吞吐量和低延迟的效果[116]。③超异构计算是一种新型的计算方式，它通过将多个已经验证过的 Chiplet 通过先进的 2D、3D 封装技术集成在一个封装模块里，以实现更高效、更灵活的计算能力。相比之下，板级异构计算在灵活性方面更具优势，但主板之间的连接体

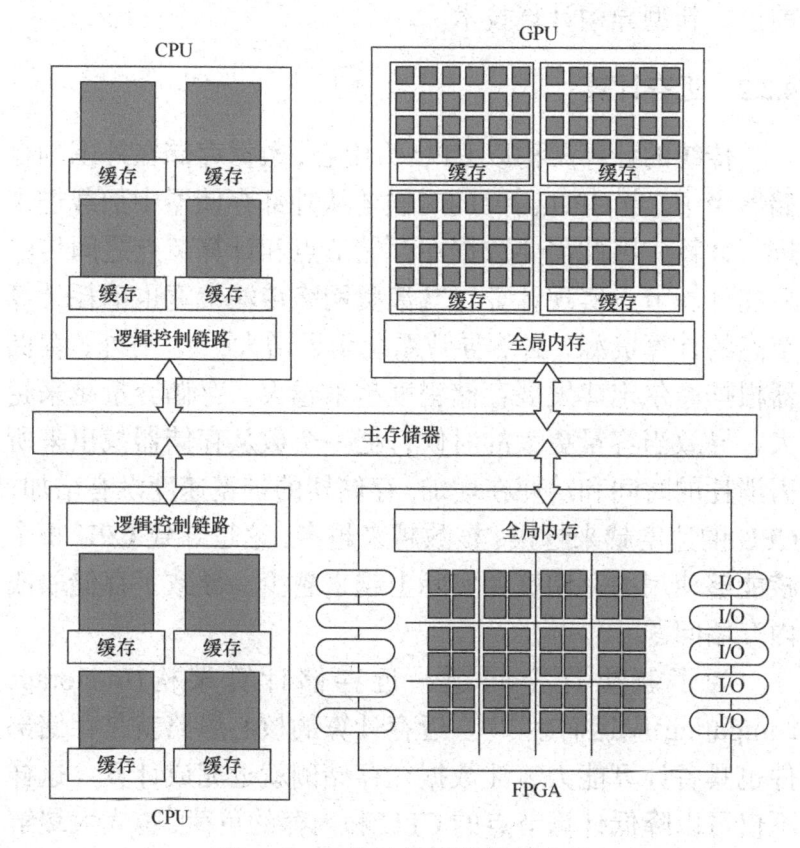

图 4-10 异构计算系统抽象表示

积较大，连接带宽与功耗也难以达到最优；而芯片级异构在功耗和性能方面表现较好，但灵活性上相对不足，且要求设计人员对应用负载有较深的理解。一旦芯片级异构设计完成，就无法更改，若应用需求发生变化，则需要付出很高的人力和时间成本。因此，超异构计算是在当前制程工艺、设计方法以及封装技术等研究成果的基础上，基于异构计算技术思想，面向未来应用需求而建立的一种更具前景的新型异构计算技术。

4.2.2 近存计算

传统的计算架构以 CPU 为中心，数据存储在外围的存储器当中。当 CPU 需要的时候才从外部存储器中加载进来进行计算，因此需要数据在存储节点和计算节点之间传输后在计算节点实现计算，既浪费网络传输带宽也消耗计算节点的计算资源，必然导致系统延迟增大[117]。另外，存储器根据摩尔定律发展存储密度越来越大，存储容量越来越大，导致当容量更大的时候，把一个数从存储器找出来所需消耗的时间和功耗在增加。存储器的带宽速度没有增加，CPU 的速度越来越快，核数越来越多，这也导致 CPU 每个核能够使用的存储资源实际上越来越少，导致了存储墙或内存墙问题。

为了解决这个问题，近存储计算架构(In-storage computing)应运而生[118]。近存计算的核心思路就是存储部件也具备计算能力，让数据在存储侧就近完成计算。这样不仅可以降低计算节点的 CPU 和内存的负荷，也大大缓解了网络传输的负载，大幅降低应用的响应延迟，为基于数据中心的大数据和人工智能等涉及大数据量处理的应用优化提供新的解决方案。目前产业界最多的存算一体发展方向是在存储单元增加简单的乘法加法运算的部件,多少个存储单元就可以做多少个乘法加法运算,数据在存储中就能并行完成乘累加或者加权运算,而这类运算在人工智能运算和矩阵向量运算领域中相当广泛,有效地减少数据的搬移和 CPU 的负载。

4.2.3 软件定义计算

随着人工智能技术,特别是大模型的快速发展与应用,数据体量呈爆炸增长,应用算法不断涌现,同时对计算范式的发展也提出了越来越高的要求。

从应用需求角度看,以数据处理为基础的人工智能技术发展路线不仅需要以深度学习为代表的智能计算,而且传统的科学计算作为数据产生与数据预处理的主要计算手段在未来一段时间内仍然是计算系统必须承担的任务。因此,未来计算系统的发展不仅需要具备高性能、高效能传统科学计算的能力,如信号处理、网络数据包处理等,更需要高效承担人工智能处理任务,尤其是自然语言处理、语音分析以及图像识别等。因此在未来计算系统中科学计算与人工智能的关系不仅密不可分,智能计算要依靠科学计算在计算架构与设施方面的设计经验,科学计算也需要借助人工智能向智能化方向发展。因此,科学计算和人工智能相互支撑、融合发展是必要的发展趋势[119]。

从计算需求的角度看,科学计算和人工智能都面临着一些共同的挑战。首先,随着数据体量快速增长,有效信息越发稀疏，从海量非规则、多类型数据中实现有效信息的挖掘难度越来越大，因此，实时高效完成非规则、多类型数据处理成为计算系统面临的首要挑战；其次，不同的数据类型的多样性需要多样性的处理方式和方法，同一套系统要实现不同类型数据的获取、处理与应用难度极高，因此，计算系统必须要具备"按需调整结构"的灵活性与多功能一体化的能力；再次，智能化应用要广泛深入大众生活，必须具备多样化的传感器与终端处理设备，与数据中心级或边缘侧计算设备不同的是，终端处理设备必须具备更高的能效，因此，在具备高性能、高灵活前提下不断降低系统功耗是计算系统面临的第三个挑战；最后，智能化既是终端应用的需求，也体现在应用计算过程与资源分配方面，尤其是在多系统组网时，必须实现资源的自适应优化调整，因此，智能化管理是计算系统面临的另一个挑战。综上，未来计算系统必须满足高灵活、高性能、高可靠和高效能等四位一体信息处理需求，这些需求也已经成为综合衡量未来计算系统的主要指标[119]。

  从系统应用角度看，随着智能化革命的持续推进，万物智联需求日益强烈，不管是军事作战体系还是民用信息系统发展的重要趋势均是由分离设备各自为战到多节点组网融合、由主节点集中控制下的协同使用到去中心化的网络自组织、从单一功能设备不断增强到多功能一体化设备面向多域发展演进。因此，除了高性能、高效能、高灵活、高可靠等基础要求外，未来的计算系统还必须具备可以根据应用需求进行调整、重构与更新迭代的开放性体系架构，以适应未来快速迭代变化的应用场景需求[119]。

受计算架构这一"基因性"因素影响，不同类型的计算器件或计算系统都有其设计侧重点、应用优势与应用范围，同时也必然存在不可避免的局限性，很难全流程、无死角地高效支撑不同类型的应用任务，应用任务的不同计算环节以及不同计算环境下的计算需求。从系统角度考虑，全流程、高效能、端到端地支持应用任务的计算处理是系统最优化设计的终极目标。因此，相比于单个器件的固定逻辑结构来说，以动态、灵活、可变的计算方式综合利用不同器件的计算优势，规避不同器件的基因弱点是构建计算系统的更好方式。针对领域内的应用任务集合，采用异构的、具有混合颗粒度的结构化逻辑模块，并通过软件定义的方式建立一种灵活的系统级可重构的计算架构，是软件定义计算发展的初衷，也是其根本优势所在。

因此，软件定义计算本质上是一种从应用计算特征出发进行的"结构化"计算部件优化设计，以软件定义可重构互连结构为核心，通过软件直接定义结构化部件，使其匹配于应用任务的计算特征，从而提升计算系统综合能力的计算方式。这种计算方式可以根据用户多样化的需求，通过软件灵活定义硬件与主动感知重构优化相结合的控制方式，通过对软硬件资源的高效编排、动态优化和综合利用，实现灵活多样、高效可靠的计算功能定制[119]。

通过软件定义的方式，可以实现硬件资源的虚拟化、互连结构的柔性化、系统软件的平台化以及应用软件的多样化[119]。具体来说，硬件资源虚拟化是指构建各类硬件资源的统一描述方法，实现对硬件资源功能、性能的精确刻画，并抽象统一地管理调度接口，形成直接可供软件定义的池化资源，屏蔽异构多类型硬件资源在物理层面的差异性与不等价性，形成调度管理软件视角下的统一性。互连结构柔性化是指不论计算/存储资源颗粒度大小，包括片内混合颗粒度组件级、异构芯片级、板卡级以及子系统级，依据应用需求的变化，以互连协议、结构拓扑、互连带宽、通信方式等灵活可变的方式完成互连结构的软件可定义，从而实现不同层级、不同颗粒度资源之间的灵活可靠的数据传输。系统软件平台化是指根据应用需求的不同和标准化编程接口，基于开放性基础软件实现对硬件资源的统一管控、按需分配和配置优化，充分解耦上层应用软件和底层硬件资源，达到平台和应用解耦，软件和硬件独立演化的目标。应用软件多样化是指在开放式、平台化的系统软件基础上，应用软件可以根据应用的需求以及可重构硬件资源的支撑，摆脱硬件资源的约束，从而实现更加丰富的功能。

软件定义计算体系架构包括五个层次[119]：第一层(最上层)是业务层，是所有软硬件资源、互连结构设计的出发点；第二层是业务感知层，实现对应用任务的分解、分析以及计算特征提取与整合，是软件定义计算架构按需重构与动态优化的指导；中间层是任务/资源管理调度层，上承应用任务的计算需求，下接计算资源的实时状态，根据优化设计的调度管理策略与计算系统运行状况的实时反馈，采用软件定义与主动认知相结合的方法进行动态决策，为应用任务提供高效可靠的计算结构；第四层资源感知层，能够以主动查询与被动接收的方式实时感知底层资源的属性与状态，为任务与资源的匹配以及优化计算结构的生成提供支撑；最底层是计算资源层，包括混合颗粒度可重构计算阵列、通用处理部件和专用集成电路等计算资源，分布式层次化存储资源以及基于软件定义互连的柔性互连结构等互连资源等，是系统能够按需重构实现应用任务匹配的基础。与传统固化的计算体系架构相比，软件定义计算体系架构具有以下优势[119]：①计算系统可根据应用需求、计算环境的变化，实时改变计算结构以匹配计算任务；②虚拟化层数减少，实现软件直接定义硬件，从而有效提升晶体管使用效率；③底层计算资源采用异构化设计，异构既指处理单元实现所依托的计算资源类型不同，也指处理单元本身的实现方式不同；④改变集中式存储结构为分布式层次化存储结构，既有处理单元独有的存储单元，也有若干处理单元共享的存储单元，还有大容量共用存储单元；既可定义不同的存储方式，也可根据需求变化定义不同的存取顺序、存取位宽等，能够实现近存计算，数据存取效率更高；⑤体系架构运用软件定义互连结构，提高了灵活性。

软件定义计算体系架构的技术要点包括：设计混合颗粒度的计算构件（旨在实现数字化与标准化的计算资源池）、实现与布局方法、分布式多层级的软件定义存储结构（旨在实现数据灵活存储）、软件定义的互连结构（旨在实现池化计算资源与存储资源的高效灵活连接）、硬件体系架构(旨在实现计算资源、存储资源以及互连资源融合一体)、池化资源的抽象与虚拟化技术（旨在实现有效管理资源）、并行编译技术（旨在将应用任务映射到合适的资源上）、流程控制与动态调度技术（旨在实现计算结构的实时优化）

以及环境感知与智能决策技术,为并行编译和动态优化提供支持。这些技术之间相互关联,可以构成一个整体。

4.2.4 图计算

图计算将数据抽象表示为图的形式。图用于表示对象之间的关联关系,由节点和边构成。其中节点表示某个对象,边表示对象之间的关系。将不同类型、不同性质、不同来源的数据通过树状图的形式连接起来,通过图形聚类等方法进行推理和分析,可以得到人工分析难以达到的结果以及较高的执行效率。随着图计算的计算规模和计算需求越来越高,出现了面向图数据处理的计算系统,例如谷歌的 Pregel 专用图计算系统。Facebook 基于 Pregel 框架创建 Giraph 系统,可以分析万亿边规模的图数据。清华大学提出 Gemini 系统,可以降低分布式方法所带来的开销并可以尽可能地优化本地计算部分的实现。目前的图计算系统主要应用于网页排序、社区发现、最短路径等领域应用。

4.3 先进互连进展

4.3.1 高速串行互连

高速串行接口一直用于芯片间的控制和设备间的通信,相比于早期的并行接口传输,高速串行数据仅需要两对差分连接即可实现全双工高速传输,高速串行数据传输具有功耗低、强大的抗电磁干扰(Electro Magnetic Interference,EMI)性能以及易于封装的优点。在高速串行互连技术领域,各种网络通信设备单通道数据传输率正从 25Gbps 向 56Gbps

和112Gbps演进，超高速串行互连技术成为下一代通信设备的核心技术。高速串行接口电路(SerDes)是高速串行互连技术的具体电路形态，目前，国内外学术界和工业界对高速串行互连接口电路开展了广泛的研究，研究的热点主要集中在传输技术、高速率技术、低功耗技术、低抖动技术和高可靠技术。

在调制方式上，低速率范围时(28Gbps以下)，主要采用非归零码(Non-Return to Zero，NRZ)调制方式，但是随着串行互连向更高速率发展，传统NRZ调制方式难以达到50Gbps+信号速率的要求。此外，在光通信系统中加入复杂的均衡技术会导致系统成本和整体功耗的增加。针对光通路50Gbps+的数据速率[120]，400 GBASE-LR8/FR8首次提出在光层使用四阶脉冲幅度调制(Pulse Amplitude Modulation 4，PAM4)技术。不同于NRZ调制，PAM4技术使用四电平来传递信息，并且每个码元代表两位二进制信息，因此采用PAM4技术可以大幅提升信息的传输速率，同步可以降低光学器件的采用数量，降低对光学器件性能的要求，使高速串行接口传输的成本、功耗以及密度达到平衡[121,122]。目前PAM4编码技术已经广泛应用于200GE、400GE等以太网传输和PCIe Gen 6等嵌入式协议传输中[123,124]。

在国外，2017年Xilinx在IEEE固态电路期刊(JSSC)发布了基于16nm FinFET工艺开发的56Gbps SerDes，提出了32路时域交织SAR ADC结构，功耗为550mW。2017年，IBM的T. Dickson等人开发了一款56Gbps的PAM4发射机，该发射机采用T/2前向均衡技术以及高速时钟技术，采用14nm FinFET CMOS 工艺，可以实现56Gbps 传输速率，发射机功耗仅为100mW。2019 年，美国得克萨斯农工大学(TAMU)在 JSSC 发表了 56Gbps PAM4 接收机，在处理20dB 损耗的情况下接收机功耗为260mW。国外的头部IP供应商 Synopsys、Cadence 等均推出了数据传输速率高达112Gbps[125]、支持多传输协议的 SerDes 接口，加州大学伯克利分校的 Minsoo Choi 等人在2021年设计了一款速率高达200Gb/s 的 PAM4 发射机，带有5-Tap 的 FFE 均衡手段，采用28nm CMOS 工艺完成了流片。可见，近年来国际工业界和学术界均在高速 SerDes 领域进行了大量的研究，许多公司都在该领域推出产品，这也证明了SerDes 在世界范围内有着广阔的市场和前景。

在国内，华为旗下的海思半导体在 SerDes 领域涵盖 45nm 至 7nm 工艺，10~64Gbps 的多类型 IP 核，并且商用于多款芯片中。华为加拿大研究所在 2018 年，2019 年的 ISSCC 会议上，发表了以 TSMC 16nm 64Gbps 和 7nm 60Gbps 为基础的 SerDes，代表了国内 SerDes 研究的最高水平。另外，东南大学、清华大学、北京大学等院校在 SerDes 领域也有比较先进的技术，有多篇32Gbps、40Gbps、50Gbps 的学术成果。

在产品方面，欧美供应商已实现了这一核心技术产业化，全球主要的高速互连芯片厂商为美国 Broadcom(博通)和 Synopsys，占据全球近 80%的高速互连芯片市场份额，而国内市场几乎被欧美供应商垄断。

总体而言，由于国内集成电路起步较晚，以及制程工艺的不发达，对于 SerDes 技术的研究还处于发展阶段，国外对 SerDes 的相关研究，相较于国内比较成熟，国外产业界已有诸多性能优良的产品，无论是在制程工艺还是在数据传输速率方面都远超国内，国内还需要进一步提高对高速串行接口 SerDes 电路和 SerDes IP 的研究。

4.3.2 晶上并行互连

1) 晶上互连网络

随着晶圆级集成的发展和 CHIPS 项目的推进，国际上一些先进的公司和科研机构也针对晶圆级集成系统中的网络技术开展了相关研究，并且应用到相关的成果中，具体如下：

(1) Cerebras WSE Swarm 通信网络

2019 年 9 月，人工智能芯片初创公司 Cerebras Systems 发行了世界最大芯片"晶圆级引擎(Wafer Scale Engine，WSE)"。WSE 采用台积电 16nm 工艺，拥有 46225mm^2 面积，1.2 万亿个晶体管，40 万个 AI 核心，18GB SRAM 缓存，9Pbps 内存带宽，100Pbps 互连带宽，功耗高达 15kW。2021 年 4 月，Cerebras Systems 推出了其第二代 Wafer Scale Engine 2(WSE-2)处理器。

WSE 上有 400,000 个内核，它们采用 Swarm 的通信结构连接到一个带宽为 100Pbps 的 2D 网格中。Swarm 本身是一种经过人工智能优化的片上通信结构，不仅具有大规模连接、高性能传输等特征，更重要的是可以实现片上网络结构与片外互连结构的高效连接。正是基于这样的特征和优势，不仅可以实现 WSE 上的 400,000 个内核的高效互连，而且可以实现近 200 台 CS-2 的高速互连互通，从而可以实现整个系统的低时延协同工作。

　　WSE在硬件中处理路由、可靠的消息传递和同步。对于每个到达消息的应用处理程序，消息会自动激活。每个神经网络由Swarm分别提供一个独特的、优化的通信路径。软件会识别运行中的特定用户定义的神经网络结构，然后配置可以通过400,000个核心的最优通信路径，来连接处理器。

　　(2) Tesla Dojo

　　2021年8月19日，特斯拉人工智能日推出了其自研的Dojo D1芯片，D1芯片采用TSMC 7nm工艺，集成500亿个晶体管、354个训练节点，400W热设计功耗(Thermal Design Power，TDP，指正常工作环境的负载功耗)。D1芯片每个节点(Node)的每个方向的带宽是512GB。特斯拉将25个D1芯片组成一个训练模块，120个训练模块组装成了ExaPOD超级计算机，ExaPOD含有3000个D1芯片超100万个训练节点，算力可以达到1.1 EFLOP。如此超大规模的系统，需要强大的网络支持，特斯拉从芯片内部最基础的节点开始布局网络，采用以TILE为单位的划分方式划分每一个节点，这种方式的特点是把处理单元、SRAM缓存、网络接口等模块集成在一个区域中，使不同的区域间通过片上网络(Network On Chip，NoC)互连。优点是扩展能力更强(比如堆叠更多核心)、核心之间连接方式多样且迅速。每一个TILE内部包含一个NoC Router片上网络路由器，每一个节点设计了东南西北(上下左右)各64bit的片上NoC通道，大大降低了Node之间核心堆叠和数据传输的难度。基于该架构354个训练节点互连成一个D1芯片最终构建了Dojo超级计算机的超高带宽系统：D1芯片内上下左右各 80Tbps，D1 芯片间上下左右各 32Tbps，5×5 的 D1 芯片方阵各边 72Tbps，模块与模块之间最高 288Tbps。

(3) UCLA NoIF

分别来自加利福尼亚大学洛杉矶分校和伊利诺伊大学厄巴纳尚佩恩分校的研究人员提出了晶圆级硅互连结构(silicon-interconnect fabric，Si-IF)，系统设计师可以使用一组更小巧、更易设计、更易制造的小芯片，这些小芯片在 Si-IF 上紧密互连，以取代 SoC。Si-IF 提供了比封装级互连更好的带宽、延迟和能源效率。在该结构基础上进一步提出了一种 NoIF (Network on Interconnect Fabric)。通过 NoIF 可以在 Si-IF 平台上集成超大规模的异构系统。在晶圆级处理系统内部节点之间采用了两种以方向为顺序 MESH 路由结构进行互连。其中一个网络执行 X-Y 维顺序路由，另一个网络执行 Y-X 维顺序路由，两个网络也互为备份，降低了节点的非功能性影响，流量也可以分摊到两个网络上，进而降低拥塞。研究人员构建了一个 100mm 的晶圆级集成原型系统，用以检验技术的成熟程度。其中有 10 个 4mm^2 的模具连接到 Si-IF 基片上，同时连接 40000 个铜 I/O 引脚。测试模具之间的电气连接时，所有支柱引脚和管芯间链路均处于正常工作状态。与 40-MCM 的扩展配置(10 个 4-GPU 封装电路板)相比，该原型系统平均运行速度提高了 5.2 倍，最高可达 18.9 倍。24-GPU 晶圆比竞争对手(6 块 4-GPU 封装板)平均高出 2.3 倍，最高为 10.9 倍。主要原因在于 Si-IF 在 MCM 配置下可提供更高的数据带宽。

虽然国外主流半导体公司和学术机构针对晶圆级网络

通信架构已有相关研究成果与产品应用，但仅关注于特定应用场景专用网络架构的适配与优化，缺乏技术通用性，而国内尚未有相关研究成果。

2) 晶上系统预制件互连标准

相对于传统的芯片间互连、背板互连而言，晶圆级系统内部预制件间互连的通信环境和应用需求均发生了剧烈的变化。一方面，晶圆级系统内部预制件间互连相对于传统先进封装下芯片间互连的最小通信距离将缩减至 10%以内，属于超短距通信的应用范畴；另一方面，当前新型的晶圆级布线技术和先进的高密度封装技术可为预制件之间的互连提供更加密集、更加低廉、更加可靠的连线资源[126]。为了支持晶圆级预制件之间的高效、灵活互连，各大主流半导体公司、学术机构和技术联盟纷纷围绕预制件内部及预制件之间的互连协议及接口标准展开了相关研究，具有代表性的有 Intel 的 AIB/MDIO[127]、TSMC 的 LIPINCON、AMD 公司的 IF[128]、Chiplet 标准联盟的 UCIe[129]以及中国版的 Chiplet 标准。

(1) Intel 公司的 AIB 和 MDIO 互连接口技术

2017 年，美国 DARPA 在"电子复兴计划"中规划了名为"通用异构集成和 IP 重用战略(Common Heterogeneous Integration and IP Reuse Strategies, CHIPS)"的 Chiplet 项目，参与方包括英特尔、美光、Cadence、Synopsys 等大型企业。AIB(Advanced Interface Bus)是 Intel 公司推出的一种基于时钟转发并行数据传输机制的互连接口标准，主要应用于其高密度、低成本嵌入式多芯片互连桥接技术(EMIB)[130]中 Die-to-Die 的物理层连接，以期支持不同工艺、不同厂商之间预制件的兼容集成，目前已被 CHIP 采用为 Chiplet 通用互连标准。

AIB 是一种物理层(PHY)规范，属于 OSI 参考模型的最低级别，它的一侧连接到小芯片的 AIB 接口上，而另一侧连接到媒体访问控制器(MAC)，用来从 MAC 中获取数据然后发送到对端芯片，或从对端芯片接收信号并传递给 MAC。不同预制件所采用的不同上层协议可基于 AIB 物理层规范实现数据的互连互通，并适用于不同类型的封装工艺和技术，包括英特尔的嵌入式多芯片互连桥接(EMIB)技术、台积电的基片芯片封装(CoWoS)技术以及其他 2.5D 封装技术。与传统板级互连高速串行通信中广泛采用的 SerDes 电路相比，AIB 的数据延迟和传输能耗均将大幅降低。

在 2019 年 SEMICON West 大会上，Intel 公司推出了更为高效的多裸片间接口技术(Multi-Die IO，MDIO)。MDIO 是基于高级接口总线(AIB)的物理层互连技术，其可以看作是 AIB 的升级版，旨在为 EMIB 提供一个标准化的 SiP PHY 级接口以支持对小芯片 IP 模块库的模块化系统设计，可以实现两倍以上的 AIB 技术响应速度和带宽密度，针脚带宽从 2Gbps 提高到 5.4Gbps，IO 电压从 0.9V 降低至 0.5V。

(2) TSMC 公司的 LIPINCON 互连接口技术

2019 年 6 月，TSMC 在 2019 年 VLSI Symposium 上展示了自己设计的一颗小芯片(预制件)"This"，并同步公布了其预制件互连技术——LIPINCON(Low-Voltage-In-Package-Inter-Connect)。This 为采用 7nm 工艺、晶圆级封装的双芯

片结构，芯片间互连由衬底上晶圆上晶片(CoWoS)中介层组成，并使用了一种低压封装内部互连架构——LIPINCON互连架构。

LIPINCON互连架构是台积电(TSMC)替代英特尔AIB和MDIO小芯片互连的替代品。LIPINCON的工作电压为0.3V，每个引脚的带宽为8Gbps，总带宽为2560Gbps。要求带宽密度为$1.6Tbps/mm^2$。它的能量效率为0.56pJ/bit。作为参考，AMD的非插入式Infinity Fabric的功耗约为2pJ/bit，而英特尔声称EMIB的功耗为0.3pJ/bit，MDIO的功耗为0.5pJ/bit。相对于Intel AIB/MDIO互连接口而言，LIPINCON虽在针脚速度方面有所领先，但MDIO在带宽密度上则更为高效。

(3) AMD公司的IF互连接口技术

IF(Infinity Fabric)接口技术是AMD公司推出的一种私有系统互连架构，用于实现组件间的数据和控制信号传输，广泛应用于其CPU(如Zen)、图像(Vege)微架构和其他加速器产品中[131]。IF结构包括两个独立的通信平面：SDF (Infinity Scalable Data Fabric)和SCF (Scalable Control Fabric)。SDF主要用于系统中端点(例如NUMA节点、PHY)之间的数据流动。SCF用于处理各种各样系统控制信号的传输，如热管理和电源管理、测试、安全等。

IF为Die-to-Die和Chip-to-Chip两种互连场景分别定制了两种SerDes接口：IFOP(Infinity Fabric On-Package)和IFIS(Infinity Fabric Inter Socket)。IFOP SerDes用于同一封装中的Die-to-Die通信，适用于较短的布线长度。IFOP SerDes采用基于差分时钟的32位低摆幅单端数据传输来

完成，功耗效率为 2pJ/b，最大可提供 42.667GB/s 的双向带宽。IFIS SerDes 用于芯片和芯片之间的通信，采用基于差分时钟的 16 位低摆幅单端数据传输来完成，最大可提供 37.926GB/s 的双向带宽。

(4) 通用芯粒互连技术 UCIe

2022 年 3 月 2 日，英特尔、AMD、ARM、高通、微软、谷歌、Meta、台积电、日月光、三星等行业巨头正式成立通用芯粒互连(Universal Chiplet Interconnect Express，UCIe)产业联盟，携手推动 Chiplet 接口规范的标准化。UCIe 是一个由 UCIe 产业联盟提出的开放性芯粒高速互连标准。该互连标准能够为不同类型的芯片封装提供统一的标准，从而可以满足不同的客户对各自产品进行定制化封装的要求。UCIe 为裸芯内部物理层和裸芯之间提供了适配能力，而裸芯物理层包含裸片间通信的电气信号、时钟标准等规范[132]。不同于其他几种行业标准，UCIe 是当前阶段唯一具有完整裸片间接口堆栈的标准，其他标准都没有为协议栈提供完整裸片间接口的全面规范，大多仅关注在特定层。在具体的封装方式上 UCIe 未做出严格限制，支持市面上主流的封装方式，包括 2D、2.5D 和桥接封装，预计未来还会支持 3D 封装。

(5) 中国的 Chiplet 标准

UCIe 联盟推出的基于英特尔和台积电技术的 Chiplet 标准，我国企业几乎只能作为贡献者，没有话语权。为了应对地缘政治冲突影响，同时满足本土化需求，在重要性与日俱增的 Chiplet 领域，国内迫切需要建立自己的 Chiplet 产业标准。

中国科学院计算所在 2020 年 8 月牵头成立了中国计算机互连技术联盟(CCITA)。CCITA 分别以 Chiplet 小芯片和微电子芯片光 I/O 为中心成立了 2 个标准工作组。2021 年 6 月,《小芯片接口总线技术》和《微电子芯片光互连接口技术》2 项团体标准,在工信部中国电子工业标准化技术协会立项。中国第一个原生 Chiplet 技术标准于 2022 年 12 月 16 日, 正式通过工信部中国电子工业标准化技术协会的审定成功发布。该标准涵盖 CPU、GPU、网络处理器、人工智能芯片以及网络交换芯片等不同应用场景的小芯片接口总线(Chiplet)技术要求。其涵盖了总体概述、接口要求、链路层、适配层、物理层以及和封装要求等, 以灵活应对不同的应用场景、适配不同能力的技术供应商, 通过对链路层、适配层、物理层的详细定义, 实现小芯片之间的互连互通, 并兼顾了 PCIe 等现有协议的支持, 并列出了对封装方式的要求。

中国的 Chiplet 标准从标准的协议到参考实现都是开放的。所有用于实现参考设计的技术细节, 都可以从标准协议中找到。联盟以这样一套原生技术标准为核心, 进一步完善标准内容, 开发对应的参考设计, 并生成相应的企业标准。这将推动我国集成电路行业围绕 Chiplet 技术形成更为广泛的社会分工。同时 CCITA 考虑和 Intel UCIe 在物理层上兼容, 用来降低 IP 厂商支持的多种 Chiplet 标准的成本。

总之, 目前业界对于晶圆级系统预制件互连接口与协议标准的研究和定义尚处于初步阶段, 缺乏统一的标准。虽然 Intel、AMD 和 TSMC 等半导体行业巨头分别推出了各自的 Die-to-Die 互连接口标准，但一般属于私有系统互连架构，或局限于某种自有的工艺制程和先进的封装技术，难以在国内进行大规模的技术推广和产业应用。而 UCIe 等通用互连接口标准都是为了同质、高带宽的芯片到芯片的通信，不适用于异构设计以及低带宽通信需求的应用，而且，其面向的是封装级生态系统，支持的芯粒集成规模有限。在这个领域，美国的巨头公司虽然开始研究较早，且具有一定的技术领先优势，但整体上来看，由于 Chiplet 整个研究方向较新，因此 Chiplet 之间互连技术，包括互连接口标准、互连网络设计等目前仍不成熟，并没有形成不可逾越的技术壁垒。而国内近年来诸多公司、高校与行业院所在 Chiplet 方面持续发力，具有较好的研究基础，在相关标准化制定方面仍有机会构建符合国内产业需求的技术标准体系。

4.3.3 硅光互连

过去的 5 年间，全球互联网流量以 31%的年复合增长率增长了 4 倍。随着流量的激增，数据中心的规模不断扩大，相应的其能耗持续增加。急剧攀升的数据传输流量和能耗对传输系统的带宽和功耗带来了严峻挑战，严重制约着系统性能的提升。传统电子芯片技术通常通过增加接口数量和提高数据传输主控时钟频率来提高系统整体带宽。但由于电学损耗和阻容时间常数的存在，信道内的串扰和衰减随着频率的提高而越发显著，导致传输效率下降，电子芯片技术在提高算力的同时所面临的能耗和数据传输带宽等问题成为难以逾越的障碍。

硅光芯片是一种在数据运算与传输方面更具优势的集成技术。硅光芯片利用硅的强大光路由能力，通过施加电压产生持续的激光束驱动硅光子原件，来实现光信息的传输、计算等功能。硅光芯片是理想的光互连和光通信平台，同时适合长距离数据传输、短距离以及大容量的芯片间/内数据传输。硅光芯片通过单片集成微电子电路，可以提高互连密度、减少芯片上的器件数目，实现高速、高带宽、低延时、低功耗的片上互连，能够有效突破电子芯片在数据传输方面受到的限制[133,134]。

国外进展方面，2017年，美国Inphi公司推出了100G密集波分复用(Dense Wavelength Division Multiplexing, DWDM)数据中心光模块。Intel于2018年发布了通信领域硅基光电子收发模块PSM4 QSFP8，速率达到100Gbps，并成功商业化应用。随后在2020年，Intel发布了基于InP的双通道相干光收发器，传输速率高达1.6Tbps，可以将发射机与接收机两个通道上相干接收器、半导体光放大器、片内窄线宽可调谐激光器等所有必要的功能模块集成在单个光子芯片上，可提供四个400GBase-DR4接口。此外，Cisco、Juniper、诺基亚、惠普、Broadcom等国际光通信巨头也通过自主研发、收购等手段纷纷"加码"硅光技术。

国内进展方面，2021年，国家信息光电子创新中心(NOEIC)、中国信息通信科技集团等单位在国内首先完成了1.6Tbps硅基光收发芯片的联合研制和功能验证工作。硅基光发射/接收芯片不仅具有8个通道的兼容能力，而且单个通道具有200Gbps PAM4高速信号的光/电转换能力。

它代表国内目前单片光互连速率和互连密度的最高水准，具有超高速、超高密度、高可扩展性等突出优势。

总体而言，目前对于400G～800Gbps硅光芯片的商用，国际上仅少数公司可以实现，其中国内厂商占得一席之地。光迅科技和中际旭创在2020年，首先发行800G相关产品，2021年，包括新易盛、II-VI(Finisar)、亨通洛克利、剑桥科技、索尔思等厂商也相继发布了800G产品。对于更高速率的1.6Tbps光模块，目前刚启动研讨标准，并且国际上尚未对1.6Tbps硅光芯片技术形成完善解决方案。目前，国际上也仅有英特尔展示了1.6Tbps的光子引擎。国产1.6Tbps硅基光收发芯片于2021年底，联合研制和功能验证的完成，代表我国实现了在硅光芯片水平上对国际追赶。

4.4 供电与散热进展

4.4.1 大面积供电进展

晶上系统的负载在晶圆衬底与晶圆尺度上具有供电电压低、尺寸小、电流密度大、损耗密度高等特点。传统供配电系统在供电电压低于1V时，随着负载功率和电流动态变化范围的增大，一方面要求供配电系统输出端PDN网络具有极低的阻抗，造成输出端滤波与去耦电容占用了大量基板面积；另一方面要求电源系统使用大量低电流密度VR模块，不仅占用了大量基板面积，也会因为配电损耗增加而导致电源系统整体效率降低。因此，针对晶上供配电系统的上述特征，需要从低压大电流供配电系统架构、高电流密度电源模块和功率组件高密度封装技术三个方面开展研究工作。

(1) 低压大电流供配电系统架构[135]技术研究现状

早期军用电子设备采用图 4-11 所示的集总式供配电系统架构[136]，其特点是采用一级电源变换器实现从高压母线到负载电压的直接变换。集总式供配电系统架构的优点在于结构简单，易于设计实现。但随着负载对电平种类的需求日益丰富，集总式供配电系统难以满足高性能负载对多路供电电压的需求。随着单一负载对供电电流的需求日益增长，集总式供配电系统架构在低压、大电流工况下存在体积重量显著增大、变换效率显著下降的问题。

现代军用电子设备普遍采用基于中间母线架构的分布式供配电系统[137,138]实现对低压大电流负载的供配电。常见的分布式供配电系统架构如图 4-12 所示。分布式供配电系统通常具有两级或以上的变换结构，按照中间母线是否

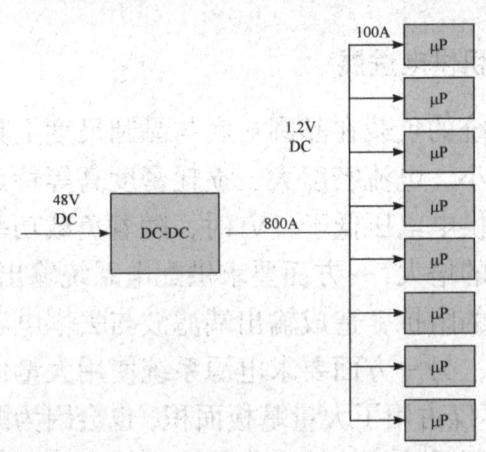

图 4-11 集总式供配电系统架构

完全受控可分为两类。在图 4-12(a)所示中间母线不受控的分布式供配电系统中,前级变换器模块为固定变比单元,后级变换器模块为稳压输出单元;在图 4-12(b)所示中间母线受控的分布式供配电系统中,前级模块与后级模块均为稳压输出单元。与稳压输出模块相比,相同的电路拓扑在固定变比输出模式下具有更高的转换效率,但其后级模块易受中间母线脉冲电流干扰而造成负载电压失调。因此,

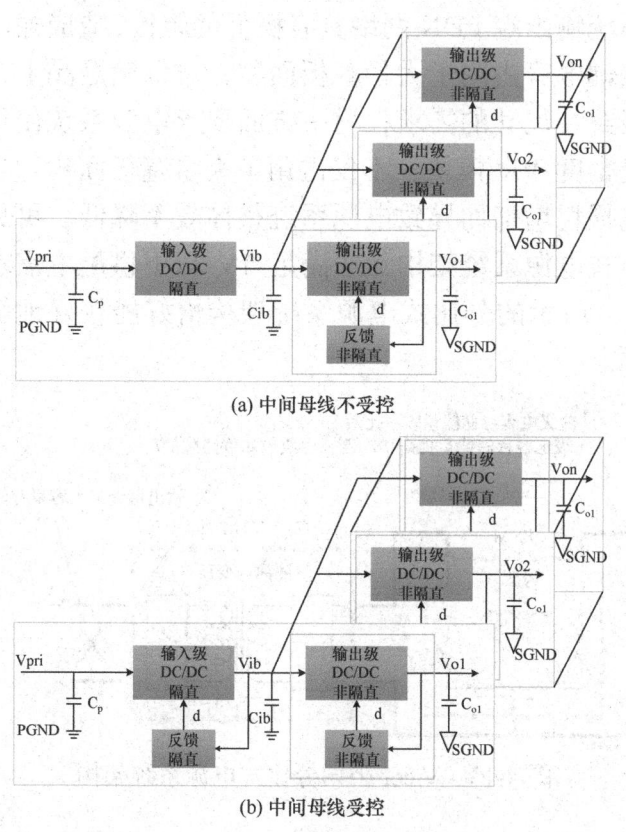

(a) 中间母线不受控

(b) 中间母线受控

图 4-12 分布式供配电系统架构

在对效率要求不高的场合，通常采用中间母线受控的分布式供配电系统架构。

国外晶上系统的供电电压在 1V 以下，功率等级在 20kW 以上。现有的晶上高性能计算与通信系统采用基于二次母线的分布式电源架构实现对上述低压、大电流负载的电压变换与瞬态功率调节，然而当供电电压低于 1V 时，随着负载功率和电流动态变化范围的增大，一方面要求供配电系统输出端 PDN 网络具有极低的阻抗，造成输出端滤波与去耦电容占用了大量基板面积，难以满足晶上系统对晶圆级封装尺寸的需求；另一方面要求电源系统使用大量低电流密度 VR 模块，不仅占用了大量基板面积，也会因为配电损耗增加而导致电源系统整体效率降低。可见，传统分布式电源系统架构无法满足 1V 以下供配电需求。如图 4-13 所示的分比式电源系统架构恰好能较好地解决上述问题。

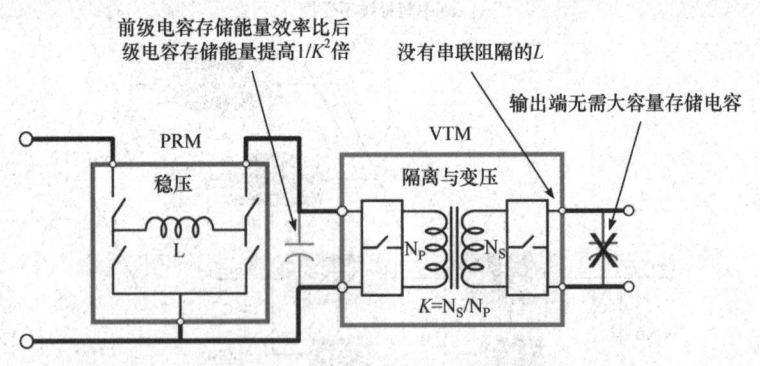

图 4-13　Vicor 公司分比式电源系统架构

目前国外 Cerebras 公司与 Tesla 公司均推出了面向人工智能计算的晶上系统产品，其供配电系统延续了传统计算机、通信设备使用的基于二次母线的分布式电源架构，其中 Cerebras 公司推出的 CS-2 晶上系统功率等级为 23kW。分布式电源架构中包含两级彼此独立的变换器单元，能够实现高压母线到 1~12V 低压电平的稳压变换与功率调节。然而，Vicor 公司针对 IBM 公司下一代超算系统的供配电与散热需求，认为传统分布式电源架构在 1V 以下的超低压、超大电流输出下存在体积大、效率低等问题，并有针对性地提出了新一代分比式电源系统架构(Factorized Power Architecture，FPA)[139]。分比式电源系统由前级预稳压模块(Pre-Regulator Module，PRM)和后级固定变比变压模块(Voltage Transformation Module，VTM)构成，配合 Vicor 公司独有的自适应反馈控制技术，最高实现了 2A/mm^2 电流密度，远高于传统分布式电源系统的 0.6A/mm^2。与传统分布式供电系统不同的是，PRM 预稳压前级单元为 Buck-Boost 结构的稳压输出模块，而 VTM 固定变比后级单元仅通过固定变比进行负载电流放大，稳压调节则依靠 PRM 模块。Vicor 公司通过实验证明了在 800A 低压负载工况下，新一代分比式电源架构在效率上比传统两级变换的分布式供电架构提高 7.7%，在体积上比传统分布式供电架构减小 45%。可见，分比式供配电系统架构能够更好地满足晶上系统的供配电需求。然而，目前 Vicor 公司针对分比式供配电系统推出的高电流密度电源产品对我国禁运，而在分比式供配电系统架构领域，国内仍处于探索研究阶段，尚无对标产品面市。

(2) 高电流密度电源模块研究现状

晶上供配电系统具有低压、大电流特征，需要使用具有高电流密度特征的电源模块实现低压、大电流、小型化电源变换功能。国外在高功率密度小型化电源方面已有数十年的技术积淀,主要电源厂商如 IR、Peregrine、TI 等公司均推出了可作为分布式供电系统中负载点电源(Point-of-Load,POL)使用的高功率密度电源产品。

IR 公司小型化 POL[140]如图 4-14 所示,该公司推出的高功率密度 POL 电源采用同步降压(Buck)型拓扑设计,包含功率半导体器件、控制驱动电路等部件,通过与外部电感器、电容器简单连接即可作为 POL 电源对负载供电,可直接与 5V、12V 母线接口,输出电流最高为 14A,其功率密度取决于外部使用的电感器、电容器尺寸。

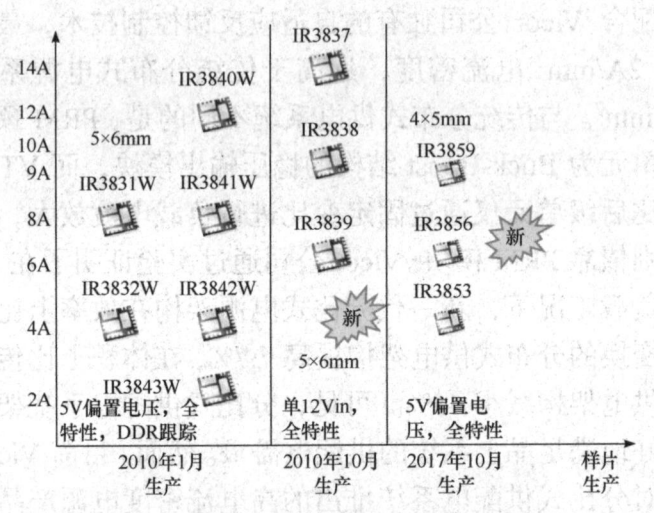

图 4-14 IR 公司小型化 POL 电源产品

Peregrine 公司推出的高功率密度电源产品[141]如图 4-15 所示,该公司产品使用同步 Buck 型拓扑设计,模块内部包含电源的功率半导体器件、控制驱动电路等部件,需配合外部电感器、电容器使用,最大输出电流 10A。

6L SC70	8L 1.5×1.5 DFN	10L 2×2 QFN	12L 2×2 QFN		8L MSOP	6L DFN
1.3×2.0×1.0mm³	1.5×1.5×0.50mm³	2.0×2.0×0.45mm³	2.0×2.0×0.60mm³		3.0×3.0×1.1mm³	3.0×3.0×0.9mm³
12L 3×3 QFN	16L 3×3 QFN	20L 4×4 LGA		20L 4×4 QFN		24L 4×4 QFN
3.0×3.0×0.75	3.0×3.0×0.75	4.0×4.0×0.9		4.0×4.0×0.9		4.0×4.0×0.9
24L 4×4 LGA	29L 4×4 LGA	32L 5×5 QFN		32L 5×5 LGA		48L QFN
4.0×4.0×0.9mm³	4.0×4.0×0.9mm³	5.0×5.0×0.9mm³		5.0×5.0×0.9mm³		7.0×7.0×0.9mm³

All dimensions are listed in millimeters (width × length × height) and are approximate.

图 4-15 Peregrine 公司高功率密度 POL 电源产品

TI 公司推出的高功率密度电源产品[142]如图 4-16 所示,该公司产品同样采用同步 Buck 拓扑设计,内部部件包含功率半导体器件、控制驱动电路等有源芯片,还封装了小型化的功率电感器、电容器等无源器件,已覆盖 3~40V 输入电压范围,最大输出电流可达 40A 以上,可实现 0.8~

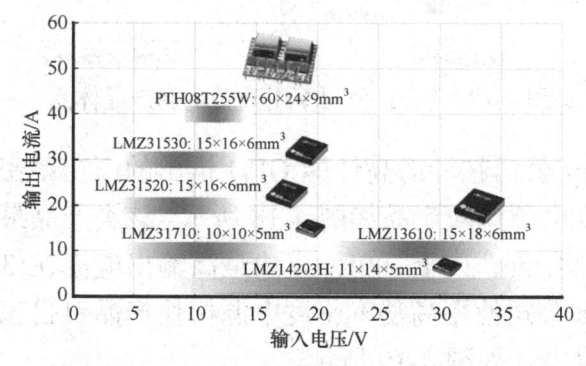

图 4-16 TI 公司高功率密度 POL 电源产品

6V 的低压功率变换，通过外围小型阻容元件进行配置后即可对负载供电，最高功率密度普遍在 1000W/in^3 以上。

Vicor 公司推出的军用开关电源产品[143]体系如图 4-17 所示。该公司推出的高功率密度 POL 电源产品在同步 Buck 型拓扑的基础上使用了零电压开关(ZVS)技术，可实现 12V、24V、48V 母线至 5V、3.3V、2.5V、1.8V 和 1V 输出电压的功率变换，最大输出电流 15A，满载效率高达 95%。

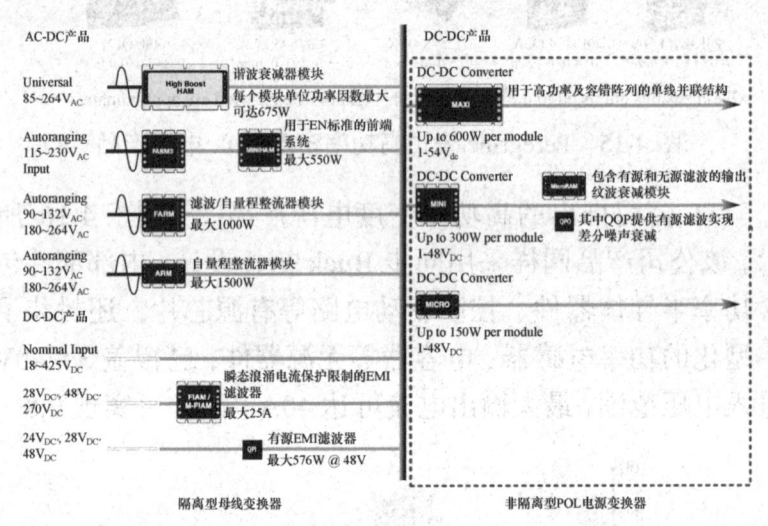

图 4-17 Vicor 公司军用开关电源产品体系

Vicor 公司在针对高性能 GPU 推出的高功率密度与高电流密度电源模块产品如图 4-18 所示。该类产品最高电流密度在 2A/mm^2 以上，单一模块最高输出电流在 320A 以上。Tesla 公司使用高功率密度电源模块产品对自家晶上系统进行供电，如图 4-19 所示。

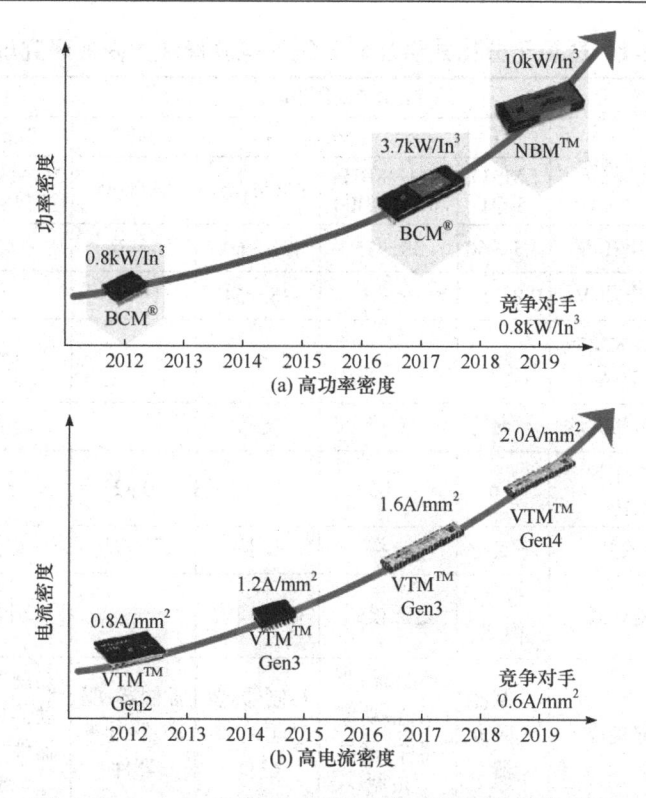

图 4-18 Vicor 公司高功率密度与高电流密度产品

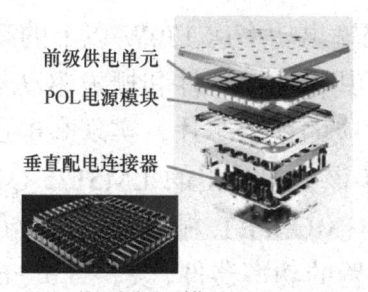

图 4-19 Vicor 公司电源模块在晶上系统中的应用

如表 4-1 所示，国外主要电源厂商如 TI、Vicor、MPS 等都推出了适用于分比式供配电系统的 PRM 和 VTM 模块。

表 4-1 适用于分比式供配电系统的电源模块国内外研究现状

厂商+型号	PRM Buck-Boost[144,145]			MPS	VTM
	TI	Vicor		MPS	Silergy
	LM5175-Q1	PRM48BH480T200B00	PI3741-01	MP4245	VTM48EF012T130C01
输入电压/V	3.5~60	38~55	21~60	4~36	40
输出电压/V	0.8~55	5~55	36~54	1~21	1
单相最大负载电流/A	20	4	3	6	130
支持多相并联	不支持	支持	支持	—	支持
最大工作频率/MHz	0.6	1	1	0.42	1.2
支持软开关	不支持	支持	支持	不支持	支持
控制方式	电流模式	电压模式	电压模式	—	开环
内部集成	控制器+驱动器	控制器+驱动器+功率器件+滤波电感	控制器+驱动器+功率器件	控制器+驱动器+功率器件	控制器+驱动器+功率器件+变压器

TI 公司推出输出功率达 130W 以上的高压大功率降压/升压电源模块，其将功率器件和栅极驱动器芯片外置，灵活搭配该公司对应的控制芯片，实现高电压、大电流的功率传输。2016 年该公司推出的 LM5175-Q1 控制芯片，内部集成了 2A 的 MOSFET 栅极驱动器，最高工作频率为600kHz，搭配外置的功率器件，支持 3.5~60V 的宽输入电压范围，最高输出电流可达 20A。

Vicor 公司推出的大功率降压/升压电源模块可提供150W 左右的输出功率，在高密度系统级封装(SiP)中高度集成控制器、电源开关与支持组件。该公司推出的 PI37XX 系列的降压/升压稳压器，通过让功率器件工作在零电压(ZVS)模式下，实现了较高的功率转换效率。如该公司开发的 PI3741-01 电源模块，支持 21~60V 的输入电压，输出电压范围为 36~54V，输出功率为 150W，峰值效率高达 97%，开关频率为 1MHz，并且支持多模块并联使用。

MPS 公司推出的 MP4245 降压/升压电源模块内部集成了四个功率开关管，最大支持 36V 的电源电压输入，输出电压范围为 1~21V，最高支持高达 6A 的负载电流，但最大开关频率仅为 420kHz。

在基于中间母线架构的分布式供配电系统和新一代分比式电源系统架构中都采用了 VTM 实现更高的功率转换效率，目前只有 Vicor 电源公司推出了相关产品。

Vicor 公司开发的隔离型固定变比的直流—直流转换器专门针对新一代数据中心供电系统 48V 的传输线电压进行了效率优化，采用了 ZCS/ZVS 正弦幅度转换器(SAC™)拓扑，具有高功率密度、高效率的特点。以该公司的 VTM48EF012T130C01 型号电源芯片为例，其内部集成了控制芯片、栅极驱动变压器控制芯片，其转换比固定为 1/40，可输出 130A 电流，实现大于 94%的效率，具有 443A/in^3 的电流密度，支持多模块并联使用。

(3) 功率组件高密度封装技术研究现状

传统开关电源中功率芯片数量多、管芯面积大，特别是在一些高压大功率场合，电路板面积是影响电源功率密度因素之一。美国弗吉尼亚理工大学电力电子研究中心(The Center for Power Electronics Systems, CPES)Jacobus 等人提出集成电力电子模块[146,147](Integrated Power Electronics Modules，IPEMs)的概念，IPEMs采用功率器件三维组装技术，用于提高模块的电学、力学、热学方面的性能。相比于普通的电力电子模块，集成电力电子模块将电气互连与绝缘、机械支撑、散热管理等方面进行统一构架和设计，模块将会以一种统一配置的方式取代传统的不连续分布的元器件模式。这种设计思想可以使模块进行三明治结构的电源总体布局，有效地缩短了互连引线距离，减少了互连数量和元器件数量。

在此集成设计的思想上，CPES研究人员提出采用平面集成技术来实现集成电力电子模块的三维组装。用于IPEMs中的平面集成技术主要包括多芯片的平面金属化互连技术，平面电介质层互连、磁性元器件的互连以及埋入式基板的三维堆叠组装技术。

CPES提出一种新型埋入式平面集成技术，其结构如图4-20所示。将功率芯片埋入到陶瓷基板结构中，利用平面金属化互连技术实现芯片和陶瓷基板的互连，再使用传统的厚膜或薄膜工艺在埋入了功率芯片的陶瓷结构表面形成电路，陶瓷结构不仅作为功率芯片的载体，同时也是散热通道以及其他元器件承载的基板，在基板表面组装其他元器件后便完成了三维集成模块的结构设计。

图4-21所示为功率芯片埋入基板的加工流程，第一步是对陶结构架进行激光切割，切割的形状和待埋入的功率芯片外形一致，芯片边缘和陶瓷基板开孔间距为500μm；第二步是将芯片贴装到陶瓷的腔体内，在芯片与基板的缝隙处填充绝缘胶，高温烘烤固化；第三步使用丝网印刷方

(a) 埋入式功率组件结构图

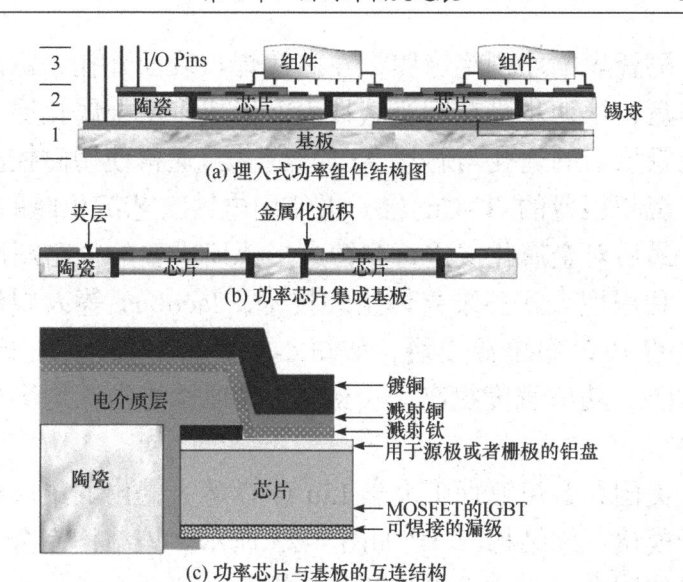

(b) 功率芯片集成基板

(c) 功率芯片与基板的互连结构

图 4-20　器件埋入式平面集成技术

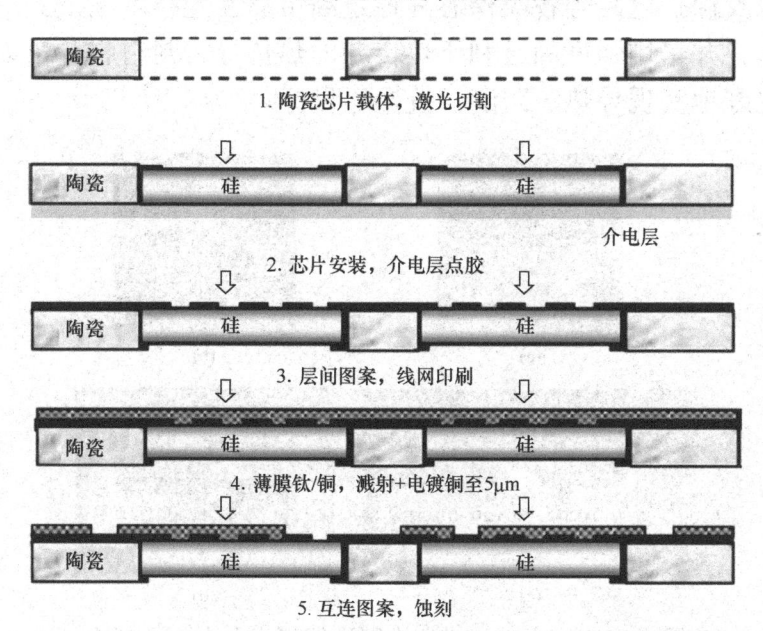

1. 陶瓷芯片载体，激光切割

2. 芯片安装，介电层点胶

3. 层间图案，线网印刷

4. 薄膜钛/铜，溅射+电镀铜至 5μm

5. 互连图案，蚀刻

图 4-21　功率芯片埋入陶瓷基板流程

法在陶瓷表面印刷绝缘胶，在芯片焊盘表面开孔，留出芯片焊盘；第四步是在陶瓷基板表面形成多层金属化层，通过绝缘层上的通孔与芯片 Al 焊盘连接，通常使用磁控溅射工艺沉积很薄的 Ti-Cu 层，再使用电镀工艺沉积厚的 Cu 层；最后对金属化层进行刻蚀，形成所需要的电路图形。

利用埋入式三维立体组装技术，Jacobus 等人制作了完整的 1kW 级电源模块，如图 4-22 所示，模块体积缩小了 47%，功率密度提高了 1.8 倍，各项性能指标均满足设计要求。

美国弗吉尼亚理工大学 Liu G Q 等人提出的集成电力电子模块三维结构[148,149]如图 4-23 所示。该结构完全放弃了铝丝键合工艺，而是将开关、控制、传感、通信、驱动以及保护电路等各类裸芯片通过高可靠互连技术集成到一起，并采用强度高且利于热传导的热传导密封材料，可以更好地实现导热、防潮、抗振等目标。

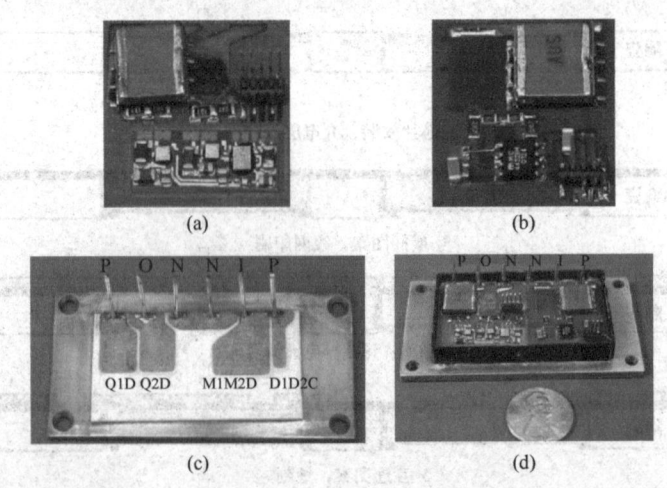

图 4-22 埋入芯片式技术制作的集成电力电子模块

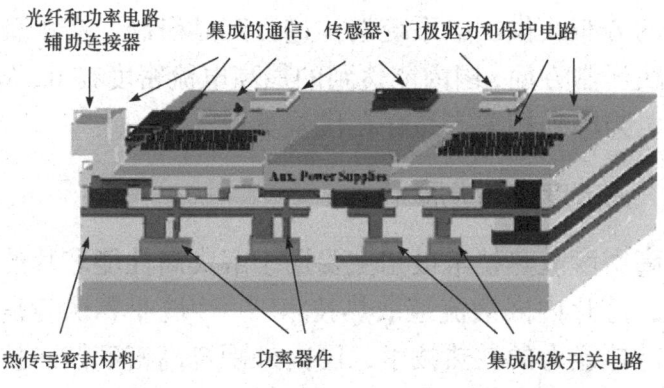

图 4-23 3D 集成封装电力电子模块示意图

针对功率半导体芯片对功率密度的影响问题，TI 公司研究者提出了图 4-24 所示的功率半导体器件叠层封装[150]的 3D 集成方案。该方案在一个封装体内包含了两个 MOS 管和一个控制芯片，以功率芯片的叠层封装实现了器件体积重量的减小，将三个分立器件集成封装到一个高效散热结构中，大大提升了器件集成度，缩小了模块体积。

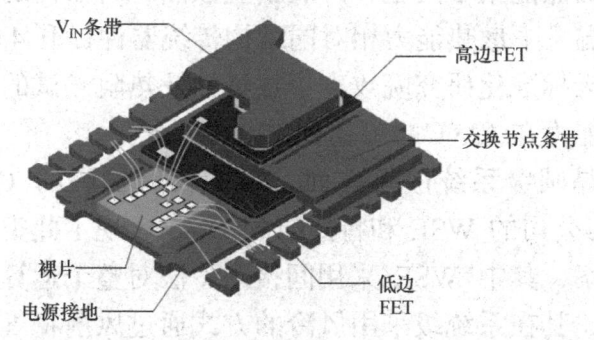

图 4-24 TI 公司功率半导体器件 3D 叠层封装结构

国内军品电源系统和电源模块的发展滞后于国外厂商。在供配电系统架构方面，国内厂家主要针对中间母线受控的分布式供配电系统架构进行产品研制。在小型化电源模块研制方面，国内能达到的最高电流密度在 0.2A/mm² 以下，与国外相关产品存在代差。

4.4.2 高密度散热进展

高密度散热技术最初主要用于解决高性能芯片的散热要求，芯片内嵌微流道散热技术[151-154]被业界认为是具有最强散热能力的散热技术，国内外围绕高密度散热技术的研究主要集中在平台设计、模型构建、微流道设计与制造等方面。国内以中国科学院微电子所、北京大学等为代表的研究团队在散热模型构建、散热试验平台建设及微流道设计与制造方面取得较大的进展，中国科学院微电子研究所完成了集成微流散热结构的 4×4 射频阵列前端样件，能够实现的工程验证结果为 2200W/cm² 散热密度下芯片结温小于 110℃，中国电子科技集团公司第 55 研究所针对大功率芯片的热能集中问题，开展新型散热材料器件的研究，在相同温升下散热能力相对同结构传统器件提升 4.65 倍，北京航天标准化研究院攻克了热特性及热阻测试的问题，使散热能力在 125℃时可达到 1200W/cm²。

在晶圆级系统散热方面，目前仅有美国的 Cerebras Systems 公司的 WSE 和特斯拉的 Dojo 实现了此类系统的散热方案，其中 WSE 采用间接水冷法对整个运算晶圆进行冷却，其在系统级采用风冷的方式通过风扇将气体流动直接吹在晶圆级大芯片上，由于 WSE 为前道工艺设计的大芯片，其散热设备可直接贴在芯片上下方，因此其水冷系统通过紧贴在其上侧的导冷板实现散热，其能成功达到总功率高达23kW的功率散热，从图4-25中可看出Cerebras Systems公司是通过芯片上的通孔与水冷板进行紧固，从而提升芯片与水冷板间的热导率。Dojo采用三维集成的方式，因此其散热冷板只能在正面贴装，但是由于硅导的良好导热能力，其在晶圆底部设计了嵌入式的微流管，水冷系统从底部进入，经歧管进入导冷后完成散热。目前我国虽在间接水冷板方面拥有丰富研发经验，但尚未有对于晶圆级运算系统散热的相关研究的报道。WSE的散热方式存在晶圆与水冷板间的热导率与紧固压力成正比的特点，因此会在晶圆内产生较大的应力，对系统的长期可靠性造成影响。相比之下 Dojo 的散热系统对晶上系统具有参考意义，区别在于晶上系统的异质异构集成特征下，晶圆上的热点不会均匀分布，需要开发一种系统可靠性更高的新型散热方法。

图 4-25　WSE 散热水冷板

4.5 领域专用高级语言与开发环境进展

4.5.1 OpenCL 与 CUDA

异构编程模型中需要进行任务划分、任务调度等工作，并协调子任务之间的同步等。异构编程模型通过抽象并行编程接口来实现面向异构系统的统一编程方法，代表性的编程模型有 OneAPI、CUDA、OpenCL[155,156]等。通常采用主从分离模式，Host 运行 CPU 系统的控制如任务分发、结果汇总等，Device 运行加速设备的代码，如图 4-26、图 4-27 所示。

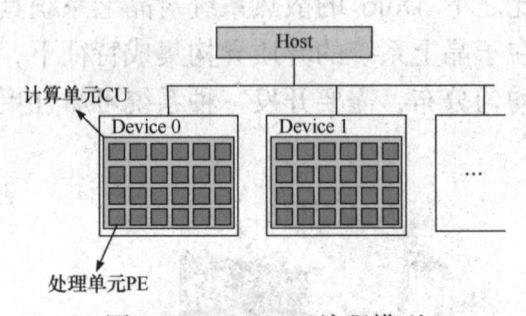

图 4-26　OpenCL 编程模型

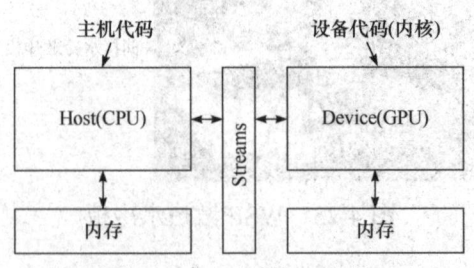

图 4-27　CUDA 编程模型

CUDA 和 OpenCL 的编程接口偏底层，需要开发者考虑较多的编程细节，对开发者的能力要求高。异构编程中进程、线程和硬件接口需要频繁交互。来自不同板卡的数据需要从板卡传输到不同计算部件进行通信和同步，计算部件的数据结构不同，数据格式就需要转换操作给系统带来额外的开销。异构规模增加会产生巨大的通信延迟并影响系统并行计算能力，需要将数据计算和数据传输操作以流水或重叠的方式进行，隐藏通信时间从而减少通信延迟。

4.5.2 P4 与 Capilano

传统的交换机为了达到较高的转发效率，通常采用特定的硬件逻辑，辅以较为简单的配置功能，可得到较高的转发速率。但是随着数据中心等一些新应用场景的快速涌现，需要不同的转发模式，数据转发模型随着场景不同需求差异很大，为此，斯坦福大学的一些教授提出了软件定义网络的概念，首先抽象出一些流表来实现交换机转发过程的可编程性，进而将交换机的转发模式抽象为解析、匹配、动作三部分，并以此形成了面向交换机数据平面的专用语言 P4。P4 出现之后，适配 P4 语言[157]的一系列硬件也纷纷出现，最为著名的就是 Barefoot 公司的 Tifino 芯片，其模块化的构造可以达到数 Tbit/s 的转发速率，且可以实现硬件可编程。支持 P4 语言的可编程硬件平台在数据中心得到了快速的部署应用，其可编程性一方面可以分担传统高层应用如负载均衡、防火墙等应用中琐碎的数据收集和解析功能，大大提升了这些应用的性能表现，另外数据中心的业务复杂多变，使用者无需根据应用的变换进行复杂的配置和控制来适应新需求，只需根据需求定义新的转发模式即可适配新变化。总体来说，P4语言具有以下三个主要特点。

(1) 转发平面抽象：P4将交换机数据转发平面的主要操作抽象为解析、匹配、动作三部分，进到交换机的数据包首先需要进行解析，抽取头部信息，进入相应的状态机，根据定义进行相应的丢弃或者转发流程，然后匹配路由表，根据匹配信息执行用户定义的动作，如校验和更新、包头转换等。

(2) 交换领域专用：P4是交换领域的专用语言，但是并不局限于交换领域中的特定应用，用户可以根据P4语言的语法格式结合上层接口开发出特定应用负载均衡、防火墙等，实现高效的应用部署。

(3) 硬件平台无关：只要硬件支持P4语言，即可用P4进行相关的功能开发，实现了软硬件解耦，系统结构设计人员可以根据预算等进行硬件采购和布局，应用开发人员可以根据应用快速开发应用，而无需关心底层实现细节。

由于网络流量的不断增加和用户对新的差异化服务的需求，Barefoot公司开发了基于P4的用户开发环境Capilano，为开发人员提供了构建高效和可扩展的网络系统所需的工具，如图4-28所示。这些工具包括：P4编译器、运行时接口、ASIC模型、模型驱动抽象接口、统一设备驱动程序和数据包测试框架等。

P4编译器：支持P4-14以及P4-16两个版本，用户输入P4程序，编译器经过词法、语法分析将其转换为特定格式的配置文件，如Jason配置文件等。

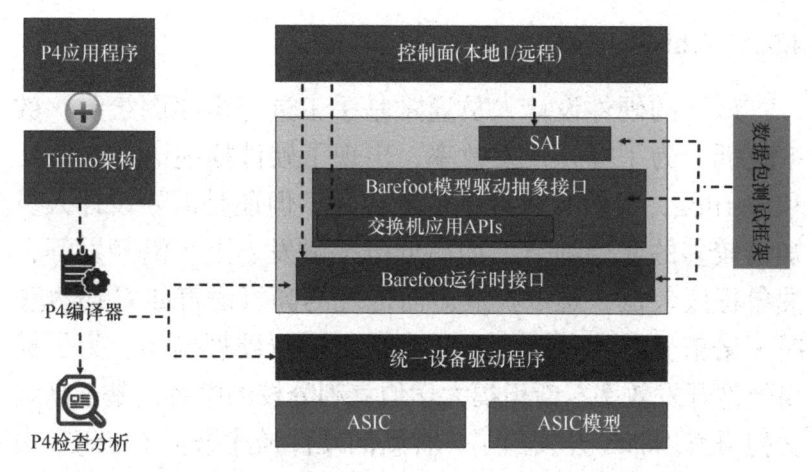

图 4-28 P4 的用户开发环境 Capilano 结构示意图

运行时接口：运行时接口是控制器和可编程逻辑系统之间的接口，编译之后生成的配置文件需要符合接口规范，并发送给运行时系统，运行时系统执行相关配置使得配置生效。

ASIC 模型：模拟 ASIC 的相关动作，使得用户在没有相关硬件的基础上也可运行 P4 程序，验证程序逻辑是否正确。

模型驱动抽象接口：用户可以根据模型抽象接口实现自定义高级模型，并自动生成 API，实现控制平面和数据平面的交互。

统一设备驱动程序：支持一系列 Barefoot 可编程逻辑器件。

数据包测试框架：支持多种数据包生成模型和流量分析方法。

4.5.3 Chisel 与 JDK

最初的硬件设计人员通常是手工进行电路图绘制，效率较低，为了提升开发效率，出现了硬件描述语言 VHDL 和 Verilog，虽然其得到了广泛应用，但还是需要设计人员知道较多的底层细节，如高低电平触发、上下沿触发等，抽象程度较低，难以扩展。而传统的高级语言如 C 语言和冯·诺依曼结构紧密绑定，不适合进行硬件描述。为了提高硬件开发效率，斯坦福大学伯克利分校的学者们基于高级编程语言 Scala 开发出了一种新的硬件描述语言 Chisel，引入了面向对象的编程思想，如虚拟、继承等，可以开发出简洁的代码，缩短开发时间，提升开发效率。当前可开放定制指令的 Risc-V 处理器大部分采用 Chisel 语言[158]开发。

Chisel 是由 Java 语言发展而来的，而 JDK 是 Java 语言的软件开发工具包，包含了 Java 的运行环境和 Java 工具。因此，作为 Java 语言的核心，JDK 开发环境可以为 Chisel 语言提供强有力支撑。JDK 主要包括以下功能：

编译器(Javac)：对用户程序进行词法分析、语法分析，并经过中间优化，最后转换成字节码。

打包工具(jar)：将相关的类文件打包成一个文件。

调试工具(jdb)：提供相关的调试功能，如断点插入、断点清除、数据查看等。

控制台(Jconsole)：和用户的界面交互接口，输出编译和调试信息等。

第 5 章 软件定义晶上系统发展展望

5.1 集成电路的新发展范式

5.1.1 刷新信息基础设施技术物理形态

相比于 ASIC，SoC[159]实现了集成电路发展的跃迁，实现了把系统放入芯片的发展理念，不仅升级了设计与应用，而且加速了集成电路产业发展。但 SoC 仅能支持相同工艺进行 IP 复用设计，随着 SoC 支持的功能越来越复杂、性能越来越高，SoC 不断向先进工艺节点发展，每设计一款 SoC，面临重新购买新工艺节点 IP，设计和验证周期越来越长，对 EDA 平台的要求越来越高，以及芯片面积过大以后导致的良率下降等问题。SDSoW 相比于 SoC，能够实现三个维度的变革，一是不再局限于单一工艺、单一材料实现系统，可以极大满足模拟、数字、射频、高压等混合电路在单一芯片实现的需求，便于支持高复杂系统；二是直接实现 Dielet[160]的复用，Dielet 作为标准的 COTS 商品形态，系统设计与开发只需要选用不同的 Dielet 进行"拼装集成"即可，可实现敏捷开发，也可支持经济开发；三是极大扩展单芯片的资源密度，从数百亿只晶体管，到数万亿只晶体管，实现资源规模百倍的提升，可以支持更大规模的集成系统。

因此，相比于现有 SoC，SDSoW 将刷新信息基础设施的技术物理形态，由于 SDSoW 本质上属于规模数量级提升、资源极大化异构的集成电路新物种，现有数据中心、云计算设施、高性能计算平台、智能计算中心、边缘计算平台、光网络设施等信息基础设施将实现极大微缩，譬如车载高性能计算、机载智能计算、弹载一体化计算等新技术物理形态信息基础设施将会呼之欲出。同时，对于无人机、机器人、物联网等信息平台，将会在多功能一体化、智能化支持等能力方面迅速提升，诞生出新的产品形态，加速信息基础设施的技术升级与产业进步。

5.1.2 重新定义微电子技术经济性指标

摩尔定律在历史上经历了两个阶段：第一个阶段是 1965 年到 2000 年左右，集成电路的性能、功耗、面积(PPA)全面提升，也称为 Full Scale 的恒定电场微缩阶段[161]，在性能提升的基础上，保持了单位面积的发热量不变。第二阶段是 2000 年到现在，由于晶体管阈值电压在 100nm 工艺节点以下几乎无法下降，摩尔定律从恒定电场微缩进入恒定电压微缩阶段，尺寸还在变小，速度还在变快，但是单位面积的发热量快速上升，摩尔定律边际效应开始递减。同时由于 20nm 以下的工艺采用 FinFET/GAA 等立体结构，设计难度指数级上升，设计成本超线性增加，譬如一颗 5nm SoC 的设计成本是 28nm 的 10 倍之多，但带来性能跃迁只有 2~3 倍。从经济学角度，每 18~24 个月同等价格购买产品性能翻一倍的摩尔定律在 28nm 开始失效，然而产业仍然在遵循着摩尔定律。从单位成本角度看，晶体管在 20世纪 70 年代的价格是 1 美元/个，但芯片工艺在 2014 年左右演进至 28nm 时，100 万晶体管大约是 2.7 美分，当演进到 20nm 时，价格反而涨到 2.9 美分，晶体管的涨价现象，经济学摩尔定律开始失效。随着物联网[162]场景应用的碎片化，传统的靠芯片销售规模的经济性指标已难以维持。伴随 SDSoW 的诞生，尤其云化服务时代的到来，可以重新定义微电子的经济性指标，就是靠芯片提供的服务价值而非芯片销售规模来衡量，后续芯片的研发经济性主要看其承载的服务需求规模，通过服务的收费来体现芯片的价值，继而重新定义云化服务时代的微电子经济性指标。

5.1.3 构建微电子技术产业分工新模式

按照"许氏循环"预测，未来的十年是集成电路用户定义的可编程时代，SDSoW 的超高密度集成和软硬件协同架构有望为国防领域的多批次、小批量的军用集成电路发展困局找到可行出路，并可能重塑集成电路的产业形态与系统建设模式。未来会面向不同军事应用场景设计相应的领域专用软硬件协同计算架构，如同科学计算时代的冯·诺依曼架构，在设计和工艺层面也面向不同领域的数据密集、事务密集、计算密集等特点构建不同的芯粒互连接口标准与规范，全面指导芯粒的设计、加工、封测等上下游各方，构建一个满足芯粒接口标准的涵盖传感、计算、处理、存储、通信、IO、安全等丰富的芯粒库变得至关重要。SDSoW 一旦形成生态，将会成为堪比 SoC 的里程碑式芯片设计范式。得益于标准化芯粒的"即插即用"，SDSoW 设计门槛会大大降低，将会从复用设计演变为芯粒组装，带动设计方法的变革，并重塑产业上下游的分工，芯粒设计、加工与测试将会成为新的产业，晶圆级集成会加速技术创新与产业发展，领域专用的晶圆基板将会进一步加速芯片与装备的敏捷设计周期，多功能综合一体化和单功能性能极致化将成为两个明显的发展方向。

5.1.4 加速微电子技术融合应用创新

软件定义晶上系统 SDSoW 打破了传统基于器件、组件、模块、机架逐层堆叠的工程技术路线，通过设计晶上互连网络实现所有芯粒在晶圆互连基板上高效互连。通过这种高密度、近距离互连结构，能够有效提升不同层级、不同芯粒之间的通信速率，缓解或解决传统系统集成技术路线上"传输墙"问题，从而实现整个系统层面不同环节计算性能的大幅提升。通过这种系统级高密度集成方式绕开了计算系统原有的问题，为系统性能增益的提升提供了数量级的提升空间。同时，SDSoW 打破 SoC 边界条件束缚，将刚性结构升级为软件定义结构，将软硬件分离提升为软硬件协同，并天然融合各种各样先进"感、传、存、算"技术，形成以应用场景垂直整合、随阅历数据自我演化的新一代集成电路融合应用技术。在内生安全[163]方面，SDSoW 的大规模异构异质芯粒集成和软件定义互连技术，为基于动态异构冗余的内生安全提供了天然的软硬件架构基石，内生安全将会成为所有平台、系统等的基本属性；在高性能计算方面，通过在晶圆上高密度、近距离集成 PMC(计算/存储/互连)芯粒，SDSoW 不仅可以有效降低驱动器的驱动能力需求，更重要的是可以无插损地实现数据处理与数据搬移，从而可以降低芯粒的功耗，甚至整个系统的功耗，大大提升了高性能计算的能效比，同时基于软件定义的领域专用计算在开发敏捷性和迭代速度上，也有极大优势；在基因芯片[164]方面，SDSoW 将单一工艺拓展至多种工艺，将硅基材料拓展至多种异质材料，为基因测序、DNA 合成、DNA 存储等信息技术与生物技术的融合应用提供了底层支撑，同时巨量的遗传信息、生物医疗大数据对芯片存储、计算、传感、封装等技术提出更高的需求，SDSoW 方案具有极其重要的意义。

5.2 驱动本质智能时代到来

人类大脑是大自然界最为复杂的物质存在，共有 860 亿个神经元，其中 690 亿个在小脑，负责协调基本的身体功能和运动；160 亿个在大脑皮层，负责最复杂的智力和才能，例如自我意识、语言、解决问题和抽象思维；10 亿个在脑干及其延伸到大脑核心的部分，负责呼吸、心跳等中枢神经系统。除了多类型特异化的神经元，人类大脑的连接关系也是高度智能产生的重要因素。从神经科学来看，大脑神经元之间广泛的连通性(单个神经元连接度高达 10^4)、大脑皮层 6 层以上的结构和功能组织以及具备突触可塑性的神经元连接方式共同形成了大脑的高度智能化能力，从根本上说这三个特点均体现了互连结构的重要性[165]；2000 年诺贝尔生理学奖得主埃德尔通过海兔缩鳃反应的研究揭示了记忆的本质是一系列神经连接关系的重组，也就是说互连结构同样能够以网络状态的变化实现信息的记忆的存储；欧洲蓝脑计划揭示了大脑能够运作多达 11 维的网络结构[166]。

虽然每一个神经元都与其他神经元之间会有数十个至上千的连接，但并非每个连接都是重要的，因为在这个庞大的网络中神经元与其他神经元建立了数千个连接通常具有重叠替代功能。例如，虽然有些人中风导致数以千计的神经元消失，但却不会失去记忆。因为人类大脑的神经元连接结构复杂。人类的大脑共有 860 亿神经元，其中产生高级智能的大脑皮质层中拥有连接度高达 10^4 的 160 亿个神经元。大象的大脑是人脑大小的三倍，但仅有 56 亿个皮质神经元，不足人类三分之一，黑猩猩有 60 亿个皮质神经元，猩猩和大猩猩有 90 亿个皮质神经元，这是人类和非人类大脑之间最明显的区别。因此，与大脑的智能强相关的是大脑架构，而非重量和大小。大脑皮质层大约三毫米厚，堪称人类大脑的中央处理器，由许多功能模块组成，每个模块由大约 10 万个神经元排列在复杂的互连神经网络中，不同大脑区域的模块分别用于视觉、运动、听觉等功能。

5.2.1 赋能面向领域的软硬件协同计算

计算架构正迎来领域专用软硬件协同计算的黄金十年，网络架构正在迎来与计算泛在融合一体的新阶段，这些特征更加趋近智能的处理机制。软硬件协同即从应用需求出发，打破传统设计意义上上层软件与下层硬件之间的划分和壁垒，仅根据应用计算特征，对计算系统的层次结构、计算/存储组件以及组件之间的互连关系进行整体协同化设计与实现，通过分层分块，实现面向应用需求的系统级最优。从系统角度看，越上层对应灵活性越高软件成分越多，越下层固定性越强硬件成分越多。软硬件协同计算架构依据应用特征需求通过软件与硬件协同设计、协同调度、协同使用，因此"硬件"模块可以具备更强的性能、更高的灵活性，具备更强应用加速能力，使得系统在保持性能与效能的同时，极大解放灵活性。

SDSoW 在互连密度上较 PCB 实现了万倍到百万倍量级的提升，更加逼近人脑神经网络的连接密度，可以全方位释放体系架构的创新增益，也可形成网络与计算一体发展的模式探索。在系统体系架构创新中，体系架构的增益与系统资源规模和资源种类成正比，资源规模越大，资源越异构多样，体系架构能获得的增益越大；同时系统的性能与效能与资源半径的平方成反比，资源半径越小，系统的效能与性能越高。在 SDSoW 中，可集成万亿规模晶体管的硬件资源，而且这些硬件资源可以是模拟、数字，也可以是计算、处理、存储等，同时具备"类 ASIC 内"的集成性能。面向车联网、远程医疗、虚拟现实、元宇宙等服务质量需求苛刻的领域应用场景，SDSoW 为软硬件协同计算架构的效能释放提供了天然创新与应用平台。

5.2.2 赋能知识与算法驱动的智能时代

现有以深度学习为代表的人工智能，代表着人类对智能的研究和应用水平进入"大数据、大算力和强算法"发展阶段，其原因是数据和信息的高度知识稀疏，不得不采用"超高算力、海量存储、超宽连接"去逼近人类的"认知计算"，其本质是大算力与大数据的技术红利释放。但这种红利的边际效应已经显现，训练问题、能耗问题、模型问题等正成为制约人工智能进一步服务于千行百业的瓶颈，具有"网络极大化、节点极小化"特征的大脑架构及其自学习、自演化机理可以为我们发展本质智能提供进一步借鉴。

本质上，智能需要新的技术体系与指标体系，信息时代的算力和信息，不应该是智能时代的技术与指标体系。智力和知识应该是更有效的逼近表达，于是，如何发展出以知识为核心的技术与指标体系，是走出现有深度学习发展范式桎梏的关键，需要构建知识的表达、传输、处理、存储、呈现等技术体系，并形成智力而非算力的系统衡量指标，摆脱当前大算力、大带宽、高主频等的人工智能发展路径。由于 SDSoW 可提供一个"类神经网络"的晶圆底座，可天然接纳新型的知识表达、传输、加工等创新技术，也是"低算力、小数据、自演化"特征的人工智能发展最佳平台，有望带动人工智能从"算力和数据驱动"跃迁到"知识和算法驱动"，探索本质的智能发展之路。

第 6 章 结 束 语

　　SDSoW 天然融合了晶圆集成的高性能与高效能、软件定义的高灵活与强智能、拼装集成的低成本与短周期。基于软件定义，可天然支持各种创新体系架构，有效实现数据密集型智能计算的高性能、高效能与高灵活；基于系列化晶圆基板，可拼装不同材料、不同工艺、不同功能的"芯粒"，快速研制出满足多样化应用场景的晶上系统。SDSoW 实现了集成电路与系统集成的一体融合，涵盖了基础理论、关键技术、工艺制造、系统集成、应用部署等全链条环节，发展 SDSoW，将有力推进我国集成电路设计、验证、加工、测试、应用等研发与产业生态发展。

　　SDSoW 以复杂性科学和复杂系统为理论基础，以领域专用体系架构和晶圆超高密度集成为关键技术，包含智能涌现路径的探索、体系架构理论的突破、领域专用技术的研究和集成工艺流程的打通，涉及集成电路设计、制造与应用等产业链条中关键环节的升级与重塑，要实现"集成电路快速突围"的战略目标，必须秉承关键工艺流程和标准规范上军民一体、共享共用。随着 SDSoW 产业与应用的加速普及，可实现"通用民用、特色军用"的协同发展格局。因此，在 SDSoW 的生态构建上，尤其适合国家与国防协同布局，积极探索新型举国体制，按照领域专用之发展内涵，体系化布局关键领域的"卡脖子"产品，前瞻性布局智能与新兴领域的"引领性"产品，走出一条中国特色的集成电路升级与引领之路。

现有 SoC 与 SDSoW 可以形成很好的互补，在单个光罩尺寸逻辑资源够用、单个工艺可满足需求的应用场景下，仍将大量使用片上系统，随着晶上系统预制件与工艺生态的成熟与成本下降，晶上系统的开发敏捷、体积小、重量轻、成本低等优势会逐渐放大，上述场景的片上系统也可能被晶上系统替代。晶上系统将会从无人平台和大规模信息基础设施应用切入，解决上述平台面临的突出瓶颈，随着生态成熟、规模经济性呈现，会逐渐进入通用应用场景，SDSoW 也将进入加快创新涌现、加速产品迭代、加速智能化升级的新发展阶段。整体而言，SDSoW 预计将经历三个发展阶段：

2022~2025 年，SDSoW 1.0 阶段——形态：专用系统；场景：无人平台、大型信息基础设施。

2026~2030 年，SDSoW 2.0 阶段——形态：通用系统；场景：各类信息处理平台与信息基础设施。

2031~2035 年，SDSoW 3.0 阶段——形态：智能系统；场景：各类智能平台、智能信息基础设施。

作者：邬江兴　刘勤让　沈剑良　吕平　宋克等

参 考 文 献

[1] Hennessy J, Patterson D. A new golden age for computer architecture: Domain-specific hardware/software co-design, enhanced security, open instruction sets, and agile chip development[C]//ACM/IEEE 45th Annual International Symposium on Computer Architecture (ISCA), 2018: 27-29.
[2] 梅宏. 软件定义的时代[EB/OL]. https://news.sciencenet.cn/htmlnews/2017/6/380886.shtm.
[3] Shapiro C, Varian H R, Carl S. Information Rules: A Strategic Guide to the Network Economy[M]. Cambridge: Harvard Business Press, 1999.
[4] Synergy research group. Cloud infrastructure services[EB/OL]. https://www.srgresearch.com/research/cloud-infrastructure-services-deep-dive.
[5] Singh S, Chana I. A survey on resource scheduling in cloud computing: Issues and challenges[J]. Journal of Grid Computing, 2016, 14(2):217-264.
[6] 百度. 百度大脑AI开发平台[EB/OL]. https://ai.baidu.com/.
[7] Ars Technica. Meltdown and Spectre: Here's what Intel, Apple, Microsoft, others are doing about it[EB/OL]. https://arstechnica.com/gadgets/2018/01/meltdown-and-spectre-heres-what-intel-apple-microsoft-others-are-doing-about-it/.
[8] 王世伟. 论信息安全、网络安全、网络空间安全[J]. 中国图书馆学报, 2015, 41(2): 72-84.
[9] 邬江兴. 论网络空间内生安全问题及对策[J]. 中国科学:信息科学, 2022,52(10): 1929-1937.
[10] Manners D, Makimoto T. Living with the Chip[M]. New York: Springer Science & Business Media, 1995.
[11] 许居衍. 微电子技术发展路向思考[J]. 固体电子学研究与进展, 1988(4): 326-327.
[12] 李丽, 何书专, 许居衍, 等. 用户可重构系统芯片—U-SoC[J]. 电子产品世界, 2003(Z1): 51-54, 60.
[13] 王涛. "神威太湖之光"超级计算机[J]. 科学, 2016, 68(4):1.
[14] Hennessy J L, Patterson D A. Computer Architecture: A Quantitative Approach[M]. Amsterdam: Elsevier, 2011.
[15] Open Networking Foundation. Software-defined networking: The new norm for networks[J]. ONF White Paper, 2012, 2: 2-6.

[16] Herrera J G, Botero J F. Resource allocation in NFV: A comprehensive survey[J]. IEEE Transactions on Network and Service Management, 2016, 13(3): 518-532.

[17] 魏少军, 刘雷波, 尹首一. 可重构计算[M]. 北京: 科学出版社, 2014.

[18] Semiconductor Engineering. 5/3nm Wars Begin[EB/OL]. https://semiengineering.com/5-3nm-wars-begin/.

[19] Verdu S. Fifty years of Shannon theory[J]. IEEE Transactions on Information Theory, 1998, 44(6): 2057-2078.

[20] Davies P C W. Cosmological dissipative structure[J]. International Journal of Theoretical Physics, 1989, 28: 1051-1066.

[21] Military Science Information Research Center. World Defense Science and Technology Annual Development Report [R]. National Defence Industry Press, 2018.

[22] Moore G E. Cramming more components onto integrated circuits[J]. Proceedings of the IEEE, 1998, 86(1): 82-85.

[23] Mack C A. Fifty years of Moore's law[J]. IEEE Transactions on Semiconductor Manufacturing, 2011, 24(2): 202-207.

[24] Eeckhout L. Is Moore's law slowing down? What's next?[J]. IEEE Micro, 2017, 37(4): 4-5.

[25] Jouppi N, Young C, Patil N, et al. Motivation for and evaluation of the first tensor processing unit[J]. IEEE Micro, 2018, 38(3): 10-19.

[26] Cui X, Scogland T R W, de Supinski B R, et al. Performance evaluation of the NVIDIA Tesla P100: Our directive-based partitioning and pipelining vs. NVIDIA's unified memory[J]. Matrix, 2018, 40(1): 50-51.

[27] Pelka J, Baldi L. More-than-Moore technologies and applications[J]. Nanoelectronics: Materials, Devices, Applications, 2017: 53-72.

[28] Becker M, Nikolic B, Dasari D, et al. Partitioning and analysis of the network-on-chip on a COTS many-core platform[C]//2017 IEEE Real-Time and Embedded Technology and Applications Symposium (RTAS). IEEE, 2017: 101-112.

[29] Paul D J. Silicon-Germanium strained layer materials in microelectronics[J]. Advanced Materials, 1999, 11(3): 191-204.

[30] Ioannou D P. HKMG CMOS technology qualification: The PBTI reliability challenge[J]. Microelectronics Reliability, 2014, 54(8): 1489-1499.

[31] Frank M M, Wilk G D, Starodub D, et al. HfO_2 and Al_2O_3 gate dielectrics on

GaAs grown by atomic layer deposition[J]. Applied Physics Letters, 2005, 86(15): 152904.
[32] Singh S P, Akram M W. Design and performance evaluation of Sub-10 nm Gaussian doped junctionless SOI and SELBOX FinFET[J]. Silicon, 2021, 13(7): 2125-2133.
[33] Kumar B, Chaujar R. TCAD temperature analysis of gate stack gate all around (GS-GAA) FinFET for improved RF and wireless performance[J]. Silicon, 2021, 13(10): 3741-3753.
[34] 阿里首颗自研AI芯片含光800问世[J].智能建筑与智慧城市, 2019(10):5.
[35] Khalilov M, Timoveev A. Performance analysis of CUDA, OpenACC and OpenMP programming models on TESLA V100 GPU[J]. Journal of Physics: Conference Series. IOP Publishing, 2021, 1740(1): 012056.
[36] Choquette J, Gandhi W, Giroux O, et al. Nvidia A100 tensor core GPU: Performance and Innovation[J]. IEEE Micro, 2021, 41(2): 29-35.
[37] Stapper C H, Armstrong F M, Saji K. Integrated circuit yield statistics[J]. Proceedings of the IEEE, 1983, 71(4): 453-470.
[38] Knickerbocker J U, Andry P S, Dang B, et al. Three-dimensional silicon integration[J]. IBM Journal of Research and Development, 2008, 52(6): 553-569.
[39] Iyer S S, Kirihata T. Three-dimensional integration: A tutorial for designers[J]. IEEE Solid-State Circuits Magazine, 2015, 7(4): 63-74.
[40] Ingerly D B, Amin S, Aryasomayajula L, et al. Foveros: 3D integration and the use of face-to-face chip stacking for logic devices[C]//2019 IEEE International Electron Devices Meeting (IEDM), 2019: 1961-1964.
[41] Chen Y H, Yang C A, Kuo C C, et al. Ultra high density SoIC with sub-micron bond pitch[C]//2020 IEEE 70th Electronic Components and Technology Conference (ECTC), 2020: 576-581.
[42] Mahajan R, Sankman R, Patel N, et al. Embedded multi-die interconnect bridge (EMIB)-a high density, high bandwidth packaging interconnect[C]//2016 IEEE 66th Electronic Components and Technology Conference (ECTC), 2016: 557-565.
[43] Naffziger S, Beck N, Burd T, et al. Pioneering chiplet technology and design for the amd EPYC™ and ryzen™ processor families: Industrial product[C]// 2021 ACM/IEEE 48th Annual International Symposium on Computer Architecture (ISCA), 2021: 57-70.

[44] Guy Foster. Measurements of Pre-Emphasis on Altera® Stratix® GX with the BERTScope 12500A[EB/OL]. https://search.iczhiku.com/paper/HExCgIBljNHlmXUG.pdf.

[45] Sheikh F, Nagisetty R, Karnik T, et al. 2.5 D and 3D heterogeneous integration: Emerging applications[J]. IEEE Solid-State Circuits Magazine, 2021, 13(4): 77-87.

[46] Hou S Y, Chen W C, Hu C, et al. Wafer-level integration of an advanced logic-memory system through the second-generation CoWoS technology[J]. IEEE Transactions on Electron Devices, 2017, 64(10): 4071-4077.

[47] Smith A, James N. AMD Instinct™ MI200 series accelerator and node architectures[C]//2022 IEEE Hot Chips 34 Symposium (HCS). IEEE Computer Society, 2022: 1-23.

[48] Kenyon C, Capano C. Apple silicon performance in scientific computing[C]// 2022 IEEE High Performance Extreme Computing Conference (HPEC), 2022: 1-10.

[49] 周晓阳. 先进封装技术综述[J]. 集成电路应用, 2018, 35(6): 1-7.

[50] Wiener N. Return of cybernetics[J]. Nature Machine Intelligence, 2019, 385: 1.

[51] Yates L A, Richards S A, Brook B W. Parsimonious model selection using information theory: A modified selection rule[J]. Ecology, 2021, 102(10): e03475.

[52] Weidlich W. Physics and social science-the approach of synergetics[J]. Physics Reports, 1991, 204(1): 1-163.

[53] van der Maas H L, Molenaar P C. Stagewise cognitive development: An application of catastrophe theory[J]. Psychological Review, 1992, 99(3): 395.

[54] Vaisband B, Iyer S S. Communication considerations for silicon interconnect fabric[C]//2019 ACM/IEEE International Workshop on System Level Interconnect Prediction (SLIP), 2019: 1-6.

[55] Wikichip. Skylake (server)-microarchitectures-intel[EB/OL]. https://en.wikichip.org/wiki/intel/ microarchitectures/skylake_(server).

[56] Iyer S S. Heterogeneous integration for performance and scaling[J]. IEEE Transactions on Components, Packaging and Manufacturing Technology, 2016, 6(7): 973-982.

[57] Pal S, Petrisko D, Tomei M, et al. Architecting waferscale processors-a GPU case study[C]//2019 IEEE International Symposium on High Performance Computer Architecture (HPCA), 2019: 250-263.

[58] Rupp K, Selberherr S. The economic limit to Moore's law[J]. IEEE Transactions on Semiconductor Manufacturing, 2010, 24(1): 1-4.
[59] Li S. SiP System-in-Package Design and Simulation: Mentor EE Flow Advanced Design Guide[M]. NewYork: John Wiley & Sons, 2017.
[60] Tseng C F, Liu C S, Wu C H, et al. InFO (wafer level integrated fan-out) technology[C]//2016 IEEE 66th Electronic Components and Technology Conference (ECTC), 2016: 1-6.
[61] Su L. Delivering the future of high-performance computing[C]//2019 IEEE Hot Chips 31 Symposium (HCS). IEEE Computer Society, 2019: 1-43.
[62] Chen W C, Hu C, Ting K C, et al. Wafer level integration of an advanced logic-memory system through 2nd generation CoWoS® technology[C]//2017 Symposium on VLSI Technology. IEEE, 2017: T54-T55.
[63] Sreenivasulu V B, Narendar V. Design and temperature assessment of junctionless nanosheet FET for nanoscale applications[J]. Silicon, 2022, 14(8): 3823-3834.
[64] Wong H S P, Akarvardar K, Antoniadis D, et al. A density metric for semiconductor technology [J]. Proceedings of the IEEE, 2020, 108(4): 478-482.
[65] 刘建丽. 中国集成电路的自主产业链正在形成[J]. 财经智库, 2019, 4(4): 32-38.
[66] 国务院. 新时期促进集成电路产业和软件产业高质量发展的若干政策[EB/OL]. http://www.gov.cn/zhengce/content/2020-08/04/content_5532370.htm.
[67] Haystead J. Darpa challenging "Moore's Law" with electronics resurgence initiative (ERI) - selects teams[J]. The Journal of Electronic Defense, 2018, 41(9): 16-18.
[68] Xuesen Q, Jingyuan Y, Ruwei D. A new discipline of science—The study of open complex giant system and its methodology[J]. Journal of Systems Engineering and Electronics, 1993, 4(2): 2-12.
[69] 杨本洛. 量子力学形式逻辑与物质基础探析[M]. 上海: 上海交通大学出版社, 2006.
[70] Schrödinger E. What is Life: With Mind and Matter and Autobiographical Sketches[M]. Cambridge: Cambridge University Press, 1992.
[71] 邬江兴, 刘勤让, 汤先拓, 等. 软件定义晶上系统及数据交互方法和系统体系架构[P]. 中国: CN112800715B, 2021.

[72] Jiangxing W. Meaning and vision of mimic computing and mimic security defense[J]. Telecommunications Science, 2014, 30(7): 2-7.
[73] Bajwa A A, Jangam S C, Pal S, et al. Demonstration of a heterogeneously integrated system-on-wafer (SoW) assembly[C]//2018 IEEE 68th Electronic Components and Technology Conference (ECTC), 2018: 1926-1930.
[74] Hruska M, Henderson N, Le Marchand S J, et al. Synaptic nanomodules underlie the organization and plasticity of spine synapses[J]. Nature Neuroscience, 2018, 21(5): 671-682.
[75] Josselyn S A, Tonegawa S. Memory engrams: Recalling the past and imagining the future[J]. Science, 2020, 367(6473): eaaw4325.
[76] 任锦鸾. 基于复杂性理论的创新系统理论及应用研究[D]. 天津: 天津大学, 2002.
[77] 吕平, 刘勤让, 邬江兴, 等. 新一代软件定义体系结构[J]. 中国科学:信息科学, 2018, 3: 315-328.
[78] 刘勤让, 邬江兴, 吕平, 等. 一种晶上软件定义互连网络装置与方法[P]. 中国: CN112562767B, 2021.
[79] 姚轶晨, 韩文燕, 基成云, 等. 一种基于PCIE标准接口互连的chiplet芯粒及接口复用方法[P]. 中国: CN202211323155.X, 2022.
[80] 蒋剑飞, 王琴, 贺光辉, 等. Chiplet技术研究与展望[J]. 微电子学与计算机, 2022, 39(1): 1-6.
[81] 王鼎兴, 陈国良. 互连网络结构分析[M]. 北京: 科学出版社, 1990.
[82] 苏勇, 万伟, 李斌, 等. 扩展型互连网络及其路由算法[P]. 中国: CN108429679A, 2018.
[83] 刘海鹏, 屈凌翔, 凌爱民, 等. 一种用于片上网络的混合互连结构,其网络节点编码方法及其混合路由算法[P]. 中国: CN105119833A, 2015.
[84] 欧阳一鸣, 何鑫城, 梁华国, 等. 针对路径故障与局部拥塞的NoC容错路由算法[J]. 电子学报, 2016, 44(4): 920-925.
[85] 高伟. 应用于片上网络系统的调度算法的研究[D]. 成都: 电子科技大学, 2014.
[86] 肖灿文, 戴泽福, 张民选. 新型适应性路由器微体系结构研究[J]. 计算机工程与科学, 2013, 35(11): 22-26.
[87] 刘震, 余宜璐, 黄建国, 等. 一种大规模电路互连网络的测试向量自动生成方法[P]. 中国: CN109445413A, 2019.
[88] 陈淑平, 卢德平, 彭龙根, 等. 一种基于网络带宽测试的互连网络故障检测与定位方法[P]. 中国: CN108880914A, 2018.

[89] Shen W W, Chen K N. Three-dimensional integrated circuit (3D IC) key technology: Through-silicon via (TSV)[J]. Nanoscale Research Letters, 2017, 12(1): 1-9.
[90] Lee S. Fundamentals of thermal compression bonding technology and process materials for 2.5/3D packages[J]. 3D Microelectronic Packaging: From Fundamentals to Applications, 2017: 157-203.
[91] Roelkens G, van Campenhout J, Brouckaert J, et al. III-V/Si photonics by die-to-wafer bonding[J]. Materials Today, 2007, 10(7-8): 36-43.
[92] Schmidt M A. Wafer-to-wafer bonding for microstructure formation[J]. Proceedings of the IEEE, 1998, 86(8): 1575-1585.
[93] Tang Y S, Chang Y J, Chen K N. Wafer-level Cu–Cu bonding technology[J]. Microelectronics Reliability, 2012, 52(2): 312-320.
[94] Cardoso J M P, Diniz P C, Weinhardt M. Compiling for reconfigurable computing[J]. ACM Computing Surveys, 2010, 42(4):1-65.
[95] Zhao X, Erdogan A T, Arslan T. High-efficiency customized coarse-grained dynamically reconfigurable architecture for JPEG2000[J]. IEEE Transactions on Very Large Scale Integration (VLSI) Systems, 2013, 21(12): 2343-2348.
[96] Han K, Lee G, Choi K. Software-level approaches for tolerating transient faults in a coarse-grainedreconfigurable architecture[J]. IEEE Transactions on Dependable and Secure Computing, 2014, 11(4):392-398.
[97] Lamprecht T, Betschon F, Bauwelinck J, et al. Electronic-photonic board as an integration platform for Tb/s multi-chip optical communication[J]. IET Optoelectronics, 2021, 15(2): 92-101.
[98] Bajwa A A, Jangam S C, Pal S, et al. Heterogeneous integration at fine pitch (≤ 10 μm) using thermal compression bonding[C]//2017 IEEE 67th Electronic Components and Technology Conference (ECTC), 2017: 1276-1284.
[99] Jangam S C, Bajwa A A, Mogera U, et al. Fine-pitch (≤ 10 μm) direct Cu-Cu interconnects using in-situ formic acid vapor treatment[C]//2019 IEEE 69th Electronic Components and Technology Conference (ECTC), 2019: 620-627.
[100] Pal S, Alam I, Sahoo K, et al. I/O architecture, substrate design, and bonding process for a heterogeneous dielet-assembly based waferscale processor[C]// 2021 IEEE 71st Electronic Components and Technology Conference (ECTC), 2021: 298-303.
[101] Jangam S C, Iyer S S. Silicon-interconnect fabric for fine-pitch (≤ 10 μm) heterogeneous integration[J]. IEEE Transactions on Components, Packaging

and Manufacturing Technology, 2021, 11(5): 727-738.
[102] James M, Tom M, Groeneveld P, et al. ISPD 2020 physical mapping of neural networks on a wafer-scale deep learning accelerator[C]//Proceedings of the 2020 International Symposium on Physical Design, 2020: 145-149.
[103] Asahi N, Miyamoto Y, Nimura M, et al. High productivity thermal compression bonding for 3D-IC[C]//2015 International 3D Systems Integration Conference (3DIC). IEEE, 2015: TS7. 3.1-TS7. 3.5.
[104] Paul D J. Si/SiGe heterostructures: From material and physics to devices and circuits[J]. Semiconductor Science and Technology, 2004, 19(10): R75.
[105] Fan X, Zeng G, LaBounty C, et al. SiGeC/Si superlattice microcoolers[J]. Applied Physics Letters, 2001, 78(11): 1580-1582.
[106] Kroemer H, Liu T Y, Petroff P M. GaAs on Si and related systems: Problems and prospects[J]. Journal of Crystal Growth, 1989, 95(1-4): 96-102.
[107] Etienne B, Thierry-Mieg V. Reduction in the concentration of DX centers in Si-doped GaAlAs using the planar doping technique[J]. Applied Physics Letters, 1988, 52(15): 1237-1239.
[108] Itzler M A, Jiang X, Entwistle M, et al. Advances in InGaAsP-based avalanche diode single photon detectors[J]. Journal of Modern Optics, 2011, 58(3-4): 174-200.
[109] 马盛林. 后摩尔时代，先进封装将迎来高光时刻[N]. 中国电子报, 2021-09-07(008).
[110] 曹立强, 侯峰泽, 王启东, 等. 先进封装技术的发展与机遇[J]. 前瞻科技, 2022, 1(3): 101-114.
[111] Ouyang K, Li L, Fang J, et al. Reliability improvement research of 2.5 D CoWoS package[C]//2022 23rd International Conference on Electronic Packaging Technology (ICEPT), 2022: 1-4.
[112] Hsu V. 2.5 D & 3D IC advanced packaging: An EDA perspective[C]//2022 International Symposium on VLSI Design, Automation and Test (VLSI-DAT), 2022: 1-2.
[113] Kawano M. Technology trends in 2.5D/3D packaging and heterogeneous integration[C]//2021 5th IEEE Electron Devices Technology & Manufacturing Conference (EDTM), 2021: 1-3.
[114] 林达. 舰载火控雷达信号处理的软硬件实现[D]. 西安: 西安电子科技大学, 2019.
[115] Abali B, Blaner B, Reilly J, et al. Data compression accelerator on IBM

POWER9 and z15 processors: Industrial product[C]//2020 ACM/IEEE 47th Annual International Symposium on Computer Architecture (ISCA), 2020: 1-14.

[116] Henry G, Palangpour P, Thomson M, et al. High-performance deep-learning coprocessor integrated into x86 SOC with server-class cpus industrial product[C]//2020 ACM/IEEE 47th Annual International Symposium on Computer Architecture (ISCA), 2020: 15-26.

[117] Armeniakos G, Zervakis G, Soudris D, et al. Hardware approximate techniques for deep neural network accelerators: A survey[J]. ACM Computing Surveys, 2022, 55(4): 1-36.

[118] Gokhale M, Holmes B, Iobst K. Processing in memory: The Terasys massively parallel PIM array[J]. Computer, 1995, 28(4): 23-31.

[119] 高彦钊, 邬江兴, 刘勤让, 等. 计算体系架构研究综述与思考[J]. 中国科学: 信息科学, 2022, 52(3): 377-398.

[120] OIF. 56G Serdes Specifications [EB/OL]. 2020. https://www.oiforum.com/wp-content/uploads/2019/01/OIF-CEI-04.0.pdf.

[121] 张宇, 张长春, 姚俊杰, 等. 56 Gbit/s PAM4 CMOS 光接收机前端电路设计[J]. 微电子学, 2022, 52(1): 52-57.

[122] 刘然. 基于PAM4信号的光纤通信系统均衡技术研究[D]. 长春: 吉林大学, 2022.

[123] Kandou. Kandou XSR and USR Interfaces [EB/OL]. https://kandou.com/assets/downloads/.

[124] Stauffer D R. XSR / USR Interface Analysis including Chord Signaling Options[R]. Kandou Bus SA, 2014.

[125] Sull J W, Do H, Jeong D K. A 112-Gb/s PAM-4 Transmitter with 8: 1 MUX in 28-nm CMOS[C]//2020 International SoC Design Conference (ISOCC), 2020: 266-267.

[126] Intel. Overview of Heterogeneous Integration[EB/OL]. https://www.intel.com/content/www/us/en/architecture-and-technology/programmable/heterogeneous-integration/overview.html.

[127] Li T, Hou J, Yan J, et al. Chiplet heterogeneous integration technology—Status and challenges[J]. Electronics, 2020, 9(4): 670.

[128] Shilov A. AMD Unveils "Chiplet" Design Approach: 7 nm Zen 2 Cores Meet 14 nm I/O Die[EB/OL]. https://www.anandtech.com/show/13560/amd-unveils-chiplet-design-approach-7nmzen-2-cores-meets-14-nm-io-die.

[129] Sharma D D, Pasdast G, Qian Z, et al. Universal chiplet interconnect express (UCIe): An open industry standard for innovations with chiplets at package level[J]. IEEE Transactions on Components, Packaging and Manufacturing Technology, 2022, 12(9): 1423-1431.

[130] Intel. Embedded Multi-Die Interconnect Bridge (EMIB)[EB/OL]. https://www.intel.com/content/www/us/en/foundry/emib-an-interview-with-babak-sabi.html.

[131] Velten M, Schöne R, Ilsche T, et al. Memory performance of AMD EPYC rome and intel cascade lake SP server processors[C]//Proceedings of the 2022 ACM/SPEC on International Conference on Performance Engineering. 2022: 165-175.

[132] Moyer B. UCIE addresses chiplet interconnect[J]. Microprocessor Report, 2022(3): 36.

[133] 刘大建, 赵伟科, 张龙, 等. 高性能无源硅光波导器件:发展与挑战[J]. 光学学报, 2022, 42(17):222-238.

[134] 马浩然, 李筱敏, 王曰海, 等. 硅基光子芯片研究进展与挑战[J]. 半导体光电, 2022, 43(2): 218-229.

[135] Yang B, Liu K, Zhang S, et al. Design and implementation of novel multi-converter-based unified power quality conditioner for low-voltage high-current distribution system[J]. Energies, 2018, 11(11): 3150.

[136] 吉武俊, 高云. 集总式BCM车身电器控制模块电源管理系统的设计[J]. 制造业自动化, 2013, 35(4): 153-156.

[137] 程晓平, 章昊, 王同文, 等. 适应5G通信的配电网分布式供电恢复策略[J]. 科学技术与工程, 2022, 22(5): 1906-1913.

[138] 张君君, 吴红飞, 葛红娟, 等. 一种基于三端口变换器的航天器分布式供电系统[J]. 中国电机工程学报, 2015, 35(24): 6459-6466.

[139] Wang L, Zhang D, Yang Y, et al. Two-stage factorized power architecture DC-DC converter for spacecraft secondary power supply system[J]. IEEE Journal of Emerging and Selected Topics in Power Electronics, 2022, 10(5): 5392-5413.

[140] 马兰娟. IR全新SupIRBuck集成DC-DC稳压器系列简化嵌入式电源设计并减少70%的占板面积[J]. 电子与电脑, 2007(12): 39.

[141] Psemi. Peregrine Semiconductor Unveils New Power Management Products[EB/OL]. https://www.psemi.com/newsroom/press-releases/679947-peregrine-semiconductor-unveils-new-power-management-products.

[142] Texas Instruments Incorporated. Industry-leading efficiency and performance

levels are enabled by TI's three new digital power development kits based on Piccolo™ microcontrollers[EB/OL]. https://www.prnewswire.com/news-releases/industry-leading-efficiency-and-performance-levels-are-enabled-by-tis-three-new-digital-power-development-kits-based-on-piccolo-microcontrollers-121994103.html.

[143] 佚名. Vicor 推出首款辐射容错 DC-DC 转换器电源模块[J]. 电子质量, 2021(1): 79.

[144] Singh S, Singh B. Power quality improved PMBLDCM drive for adjustable speed application with reduced sensor buck-boost PFC converter[C]//2011 Fourth International Conference on Emerging Trends in Engineering & Technology, 2011: 180-184.

[145] Kumar R, Singh B. Buck-boost converter fed BLDC motor drive for solar PV array based water pumping[C]//2014 IEEE International Conference on Power Electronics, Drives and Energy Systems (PEDES), 2014: 1-6.

[146] Chen J Z, Yang L, Boroyevich D, et al. Modeling and measurements of parasitic parameters for integrated power electronics modules[C]//Nineteenth Annual IEEE Applied Power Electronics Conference and Exposition, 2004. APEC'04, 2004, 1: 522-525.

[147] Lostetter A B, Barlow F, Elshabini A. An overview to integrated power module design for high power electronics packaging[J]. Microelectronics Reliability, 2000, 40(3): 365-379.

[148] Lin Q G, Huang G H. IPEM: An interval-parameter energy systems planning model[J]. Energy Sources, Part A, 2008, 30(14-15): 1382-1399.

[149] Lin Q G, Huang G H. A dynamic inexact energy systems planning model for supporting greenhouse-gas emission management and sustainable renewable energy development under uncertainty—A case study for the city of Waterloo, Canada[J]. Renewable and Sustainable Energy Reviews, 2009, 13(8): 1836-1853.

[150] Nishi K. Research on package thermal resistance of power semiconductor devices[C]//2019 35th Semiconductor Thermal Measurement, Modeling and Management Symposium (SEMI-THERM), 2019: 61-65.

[151] 朱家昌, 周悦, 李奇哲, 等. 嵌入微流道硅基转接板工艺及散热性能研究[J]. 电子产品可靠性与环境试验, 2022, 40(5): 33-39.

[152] 李奇哲, 朱家昌, 夏晨辉, 等. 嵌入 MEMS 微流道的硅转接基板键合工艺研究[J]. 电子产品可靠性与环境试验, 2022, 40(2): 67-75.

[153] 胡海霖, 刘建军, 张孔. 基于 LTCC 的微流道散热技术[J]. 电子与封装, 2021, 21(4): 58-61.
[154] 朱家昌, 张振越, 郭鑫, 等. 大功率微系统的微流道结构散热特性研究[J]. 电子产品可靠性与环境试验, 2020, 38(6): 19-23.
[155] Czajkowski T S, Aydonat U, Denisenko D, et al. From OpenCL to high-performance hardware on FPGAs[C]//22nd International Conference on Field Programmable Logic and Applications (FPL), 2012: 531-534.
[156] Gaster B, Howes L, Kaeli D R, et al. Heterogeneous Computing with OpenCL[M]. New York: Elsevier, 2012.
[157] Bosshart P, Daly D, Gibb G, et al. P4: Programming protocol-independent packet processors[J]. ACM SIGCOMM Computer Communication Review, 2014, 44(3): 87-95.
[158] Bachrach J, Vo H, Richards B, et al. Chisel: Constructing hardware in a scala embedded language[C]//Proceedings of the 49th Annual Design Automation Conference, 2012: 1216-1225.
[159] Furber S B. ARM System-on-chip Architecture[M]. Upper Saddle River: Pearson Education, 2000.
[160] Zhao B, Kuo N C, Liu B, et al. A Batteryless padless crystalless 116um × 116um "Dielet" near-field radio with on-chip coil Antenna[J]. IEEE Journal of Solid-State Circuits, 2019, 55(2): 249-260.
[161] Purohit S, Margala M, Lanuzza M, et al. New performance/power/area efficient, reliable full adder design[C]//Proceedings of the 19th ACM Great Lakes symposium on VLSI, 2009: 493-498.
[162] Miorandi D, Sicari S, Pellegrini F D, et al. Internet of things[J]. Ad Hoc Networks, 2012, 10(7):1497-1516.
[163] Ji X, Wu J, Jin L, et al. Discussion on a new paradigm of endogenous security towards 6G networks[J]. Frontiers of Information Technology & Electronic Engineering, 2022, 23(10):1421-1450.
[164] Irizarry R A, Bolstad B M, Francois C, et al. Summaries of affymetrix gene chip probe level data[J]. Nucleic Acids Research, 2003(4): e15.
[165] Kaushik R, Akhilesh J, Priyadarshini P. Towards spike-based machine intelligence with neuromorphic computing[J]. Nature, 2019, 575: 607-617.
[166] Michael W R, Max N, Martina S, et al. Cliques of neurons bound into cavities provide a missing link between structure and function[J]. Frontiers in Computational Neuroscience, 2017, 11: 1-16.